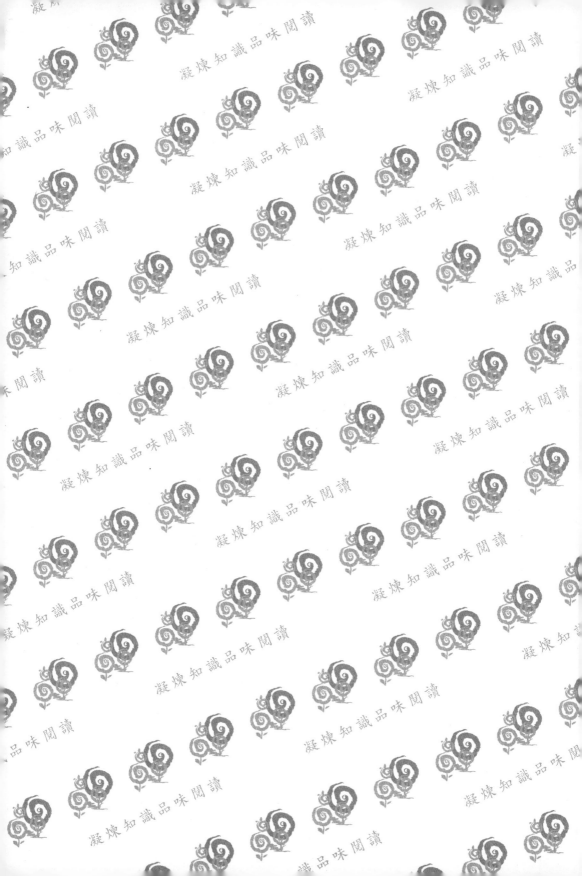

教師教學方法與效能的第一本書

林進材　林香河　著

五南圖書出版公司 印行

序

關於這一本書

　　近年來，國內教育發展的速度很快，對教師教學的挑戰很大。在課程改革方面，從熟悉的課程標準、九年一貫課程、十二年國民基本教育、課綱微調到核心素養的課程教學等，這些改變對教師的教室教學，產生很大的影響；在教學方法的運用方面，從傳統的教學法、適性教學法、創意教學法、分組合作學習法、差異化教學法、個別化教學法到新興教學法，對教師專業成長形成相當程度的挑戰；在教學效能的提升方面，從教學策略的運用、教學設計的形成、教學實踐的修正，對教師的教學品質形成很大的壓力。

　　本書出版的主要用意，在於將教學方法與效能方面的議題，用淺顯易懂、文字說明、圖解方式、表格形式呈現出來，讓關心教學的教育同好，能快速地掌握教學方法，在教室中有效的運用，進而提升教學效能。本書的內容包括十章，依序為面對課程改革的教學、核心素養議題的教學、傳統教學方法、適性教學方法、創意教學方法、分組合作學習議題教學、差異化教學議題教學、個別化議題的教學、新興的教學議題到班級經營與教學效能，每一章的內容包括教學語錄、議題說明、圖解概念、圖表說明、教學高手經驗談。

　　希望這本書的出版，可以為國內教學界提供一點新的構思、新的理念、新的啟示、新的意義、新的實踐，共同為教學而努力。感謝五南圖書出版公司對本書出版的支持，黃副總編文瓊及編輯群的辛勞，本書如果對課程與教學有任何貢獻的話，要歸功於上述人員。期盼本書的出版可以為國內關心教學議題的教育界同好，奉獻一點點個人的心力。

林進材、林香河　謹識

2019 / 8 / 8

目錄

CONTENTS

面對課程改革的教學

　　課程改革對於教師教學設計與實踐，具有相當關鍵的意義。只有教師配合改革需求而修正教學設計，才能讓學生在教室中的學習，可以迎合時代發展上的需要。本章重點在於說明面對課程改革工程時，教師的教學如何依循修正才能配合改革的需求。

第 **1** 章

課程改革與教師教學實踐

> **教學語錄**
>
> 課程改革與教學革新是一體兩面的關係，教師的教學應該隨著課程改革，修正教學理論與方法。

一、課程改革與教師教學實踐

1. 教育及課程改革運動，是近年來世界各國教育的重要議題之一。
2. 透過改革運動的推展，強調學校教育目前「存在哪些問題」，需要「改革哪些問題」。
3. 教師的教室教學活動，應該隨著課程改革運動，修正自己的教學設計與實踐，讓教學活動可以隨著新時代、新理念、新思維，而有新的教學創意。

二、九年一貫課程改革的基本能力特性

1. 在九年一貫課程實施之前，我國「課程標準」未能明確將學生應該習得的知識與能力明列出來。
2. 九年一貫課程重視學生的基本能力，依據教育目標，擬定十項基本能力，是課程改革的一大特色。
3. 九年一貫課程改革的基本能力，強調個別學習領域中轉化為各學習階段的「能力指標」。

三、十二年一貫課程改革的基本能力特性

1. 十二年一貫課程的改革與實施，強調學生各學習階段的能力養成。
2. 肯定學習者是核心的參與者，鼓勵學習者積極投入學習。

3. 重視並理解學習者的個別差異，包含學習的先備知識。
4. 強調學習本身就是社會化的歷程，引導學生在團體中進行合作與學習。
5. 在學習環境中培養學習力，調合學習者之動機、學習成就與態度。
6. 設計對學習者具有適當水準挑戰性的學習任務。
7. 連結好的學習環境以促進跨領域及真實世界之橫向連結。
8. 展現具體之期望，並安排高度支持性、學習性的評量策略，以及時回饋教與學。

四、教師教學設計與實踐的意義概念圖

五、教學高手經驗談

1. 教師聽到課程與教學改革號角聲響起時，不用太緊張而隨便改變教學設計。
2. 先想想看自己的教學設計與實踐，有哪些是需要修正或調整的。
3. 很多傳統教學方法不是不好用，而是教師太習慣用這些教學方法。
4. 將傳統教學方法納入新的教學元素，教學活動也可以變得很有趣。
5. 將傳統教學方法與創新教學方法相互交替使用，教學活動就會收到好的效果。

心得欄

1-2 課程改革與教師教學實踐的關聯

一、課程改革與教師教學實踐知識

1. 課程改革運動的推展，意味著教師在教學方面的改變，是勢在必行的議題。
2. 課程改革是一種教師實踐知識轉變的過程。
3. 任何的教育改革或課程改革，需要考慮到教師教學改變的問題。

二、教師的課程改革意識與教學實踐關係圖

三、教師的課程改革詮釋如何回應到教學實踐中概念圖

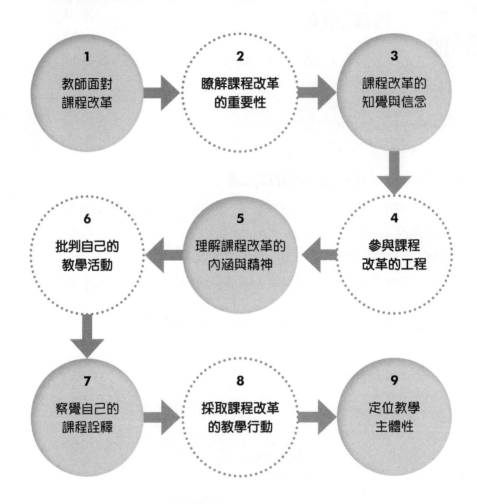

四、應用詮釋理解途徑於教學實踐中概念圖

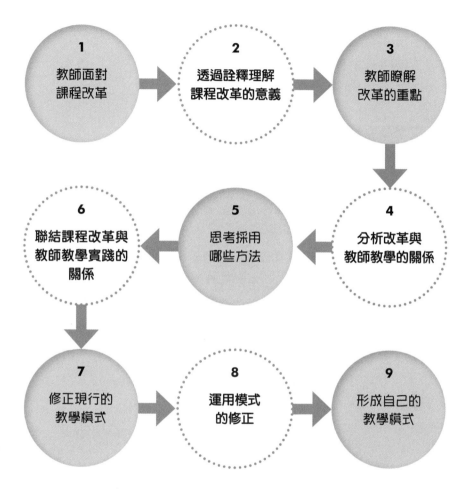

1. 教師可以透過詮釋理解的途徑，瞭解教育改革或課程改革各種主張。
2. 教師應該瞭解改革的重點與教師教學的關聯性如何。
3. 可以透過哪些方法的運用，連結課程改革與教師教學實踐的關係。
4. 教師如何修正現有的教學模式，透過模式的修正與教學行動的調整。

五、教師的教學設計與實踐上的意義

1. 教師如何看待課程改革影響教師的行動。
2. 教師如何詮釋課程改革影響教師的教學。
3. 教師如何理解課程改革影響教師的行為。
4. 教師如何掌握課程改革影響教師的意願。

六、教學高手經驗談

1. 雖然教師感覺課程改革離教學活動很遠，但是課程與教學的關係是相當密切的。
2. 教師對於課程教學的詮釋理解，影響教師在教室中的教學設計與實踐。
3. 教師應該要經常性的思考教室內的教學，與教室外的改革之間的關聯性如何，這些關聯性如何牽動著教學設計與實際。
4. 任何課程改革的成功與否，與教師對課程改革的詮釋理解有關。
5. 教師應該瞭解改革的重點與教師教學的關聯性究竟如何，並且將這些重點納入教學設計與實踐中。

1-3 課程改革中學會教與學的理念與實踐

一、課程改革中「學會教學」的概念圖

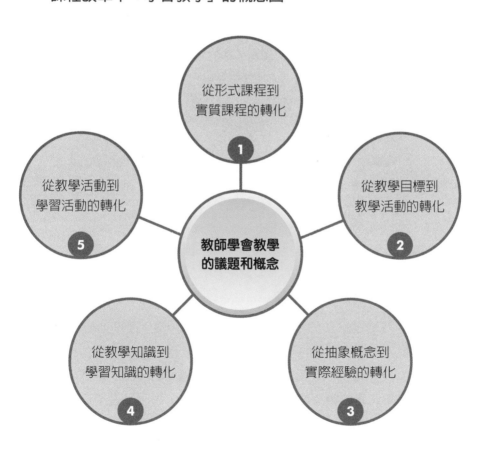

二、課程改革中「學會學習」的概念圖

三、教學設計與實踐的意義

1. 教師的教學設計與實施，應該顧及學生在學習方面的興趣，將學習動機融入教學設計中。

2. Keller（1983）研究指出，依據學習動機的教學模式（ARCS model），想要讓學生對其所學的內容產生興趣，首先必須引起學生的注意(attention)。

3. 教學要讓學生本身主動察覺學習內容與本身的關聯性(relation），據以喚起學生學習的內在驅力。
4. 教學要讓學生相信自己有能力去處理，因而對學生的學習產生信心。

四、教學高手經驗談

1. 學會教學與學會學習對教學設計與實踐，都是相當重要的環節。
2. 如果教師對教學充滿信心，學生也會對學習充滿信心。
3. 想要讓學生對教師的教學感到興趣，首先就要讓學生對學習內容有興趣。
4. 學生不會跟自己不喜歡的老師學習，因此要想方設法讓學生喜歡自己的教學。
5. 教學問題提出來，要讓學生相信有能力去處理各種問題。

心得欄

1-4 十二年國民基本教育課程綱要總綱修訂的背景與理念

教學語錄

教師教學活動的設計與實踐，都是在課程綱要的架構之下實施。

一、十二年國民基本教育課程綱要總綱修訂的背景概念圖

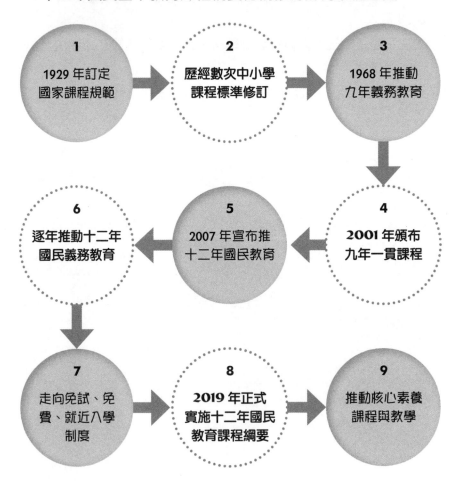

1　1929 年訂定國家課程規範

2　歷經數次中小學課程標準修訂

3　1968 年推動九年義務教育

4　2001 年頒布九年一貫課程

5　2007 年宣布推十二年國民教育

6　逐年推動十二年國民義務教育

7　走向免試、免費、就近入學制度

8　2019 年正式實施十二年國民教育課程綱要

9　推動核心素養課程與教學

二、課程綱要修訂的基本理念

解讀十二年國教

課綱的理念與目標

願景　「成就每一個孩子——適性揚才、終身學習」
以尊重學生生命主體為起點，透過適性教育，激發學生生命的喜悅與生活的自信，提升學生學習的渴望與創新的勇氣，善盡國民責任並展現共生智慧，成為具有社會適應力與應變力的終身學習者，期使個體與群體的生活和生命更為美好。

理念　自發　　互動　　共好

目標　啟發生命潛能　陶養生活知能　促進生涯發展　涵育公民責任

圖1　教育部公布的十二年國民基本教育課綱的理念與目標圖（教育部，2014）

三、十二年國民教育理念示意圖

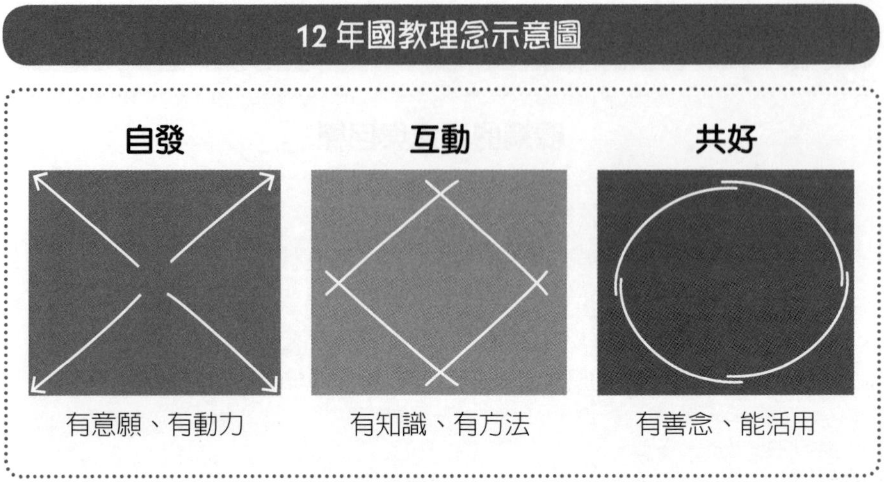

12 年國教理念示意圖

自發	互動	共好
有意願、有動力	有知識、有方法	有善念、能活用

圖 2 十二年國教理念示意圖（教育部，2014）

四、課程改革對教學的意義

課程改革對教學的意義，包括三個重要的階段，依序為舊世代的教育、新世代的教育、異世代的教育。

表 1　課程改革進程對教師與教學意義的典範轉移

教師與教學／教育時期	舊世代的教育（70 年代以前）	新世代的教育（70 年代～90 年代）	異世代的教育（90 年代以後）
教師角色	教師是知識的權威（說與教的年代）	教師角色漸漸轉化：資訊工具操作或其他角色	教師是百變魔術師：生動、活潑、創意
教學活動	教學是知識的背誦：強調記憶與熟練的重要性	教學的知識來源不一：視訊媒體、網路達人或其他	知識是可質疑與推翻的：真理是此時此刻的準則
考試觀點	考試決勝負，成績定能力：成績好＝成功	考試多元，成績計算不一：例如基本學科、術科	考試只是一種基本門檻：高學歷不一定有用

五、教學高手經驗談

1. 歷年來的課程教學改革，只針對課程綱要修改，忽略教學的重要性。
2. 第一線的教師在課程改革中，不應該成為缺席的一員。
3. 對課程與教學改革提出專業的意見，才能在未來的教學生涯中擁有更多的自主權。
4. 經常性的思考課程與教學改革對教師的意義和啟示，才能在教學設計與實踐中找到自己的定位。
5. 對於課程教學改革不要存著恐懼的心理，要以專業的精神面對未來的改革。

1-5 十二年國民基本教育課程綱要的課程目標

教學語錄

課程綱要與課程目標是教室教學的總精神，在此精神之下，教師進行教學設計與實踐。

一、十二年國民基本教育課程綱要的課程目標

課程綱要的課程目標，主要是揭櫫整體課程的總目標，後續在課程綱要的詳細內容擬定方面，必須依據課程綱要的目標，進行詳細綱要內容的訂定。

二、總體課程目標內涵

教育部2014公布的總體課程目標，包括下列四項：

1. **啟發生命潛能**

   啟迪學習的動機，培養好奇心、探索力、思考力、判斷力與行動力，願意以積極的態度、持續的動力進行探索與學習；從而體驗學習的喜悅，增益自我價值感。進而激發更多生命的潛能，達到健康且均衡的全人開展。

2. **陶養生活知能**

   培養基本知能，在生活中能融會各領域所學，統整運用、手腦並用地解決問題；並能適切溝通與表達，重視人際包容、團隊合作、社會互動，以適應社會生活。進而勇於創新，展現科技應用與生活美學的涵養。

3. 促進生涯發展

導引適性發展、盡展所長，且學會如何學習，陶冶終身學習的意願
與能力，激發持續學習、創新進取的活力，奠定學術研究或專業技
術的基礎；並建立「尊嚴勞動」的觀念，淬鍊出面對生涯挑戰與國
際競合的勇氣與知能，以適應社會變遷與世界潮　，且願意嘗試引
導變遷潮　。

4. 涵育公民責任

厚植民主素養、法治觀念、人權理念、道德勇氣、社區／部落意
識、國家認同與國際理解，並學會自我負責。進而尊重多元文化與
族群差異，追求社會正義；並深化地球公民愛護自然、珍愛生命、
惜取資源的關懷心與行動力，積極致力於生態永續、文化發展等生
生不息的共好理想。

三、十二年國民基本教育課程綱要之學習階段的劃分

1. 五個階段的學習

表 2　依學生之身心發展區分為五個學習階段

國民小學	1 年級、2 年級 3 年級、4 年級 5 年級、6 年級	第一階段學習 第二階段學習 第三階段學習
國民中學	7 年級 8 年級 9 年級	第四階段學習
高級中等學校	10 年級 11 年級 12 年級	第五階段學習

2. **各階段的學習重點（教育部，2014）**
    (1) 國民小學
        ①第一學習階段
            第一階段係學生學習能力的奠基期，應著重生活習慣與品德的培養，協助學生在生活與實作中主動學習，並奠定語言與符號運用的基礎。
        ②第二學習階段
            持續充實學生學習能力，發展基本生活知能與社會能力，開發多元智能，培養多方興趣，協助學生能夠透過體驗與實踐，適切處理生活問題。
        ③第三學習階段
            應協助學生深化學習，鼓勵自我探索，提高自信心，增進判斷是非的能力，培養社區／部落與國家意識，養成民主與法治觀念，展現互助與合作精神。
    (2) 國民中學
        第四學習階段是學生身心發展的快速期，也是自我探索與人際發展的關鍵期，應持續提升所有核心素養，以裨益全人發展。尤其著重協助學生建立合宜的自我觀念、進行性向試探、精進社會生活所需知能，同時鼓勵自主學習、同儕互學與團隊合作，並能理解與關心社區、社會、國家、國際與全球議題。
    (3) 高級中等學校
        第五學習階段係接續九年國民教育，尤其著重學生的學習銜接、身心發展、生涯定向、生涯準備、獨立自主等，精進所需之核心素養、專門知識或專業實務技能，以期培養五育均衡發展之優質公民。

四、教學高手經驗談

1. 不管課程教學如何改革，都要回到教室的教學中。
2. 真正專業的教學活動，是依據課程教學目標而來。
3. 教師教學設計與實踐歷程中，要回應總體課程目標內涵。
4. 當課程教學改革工程要落實之前，一定會辦理各種研習溝通活動，教師需要從各種研習中思考教學設計問題。
5. 教師應該避免使用過去的經驗、教導現代的孩子，去適應未來的生活。

心得欄

十二年國民基本教育課程綱要之課程的架構

一、課程類型與領域科目概念圖

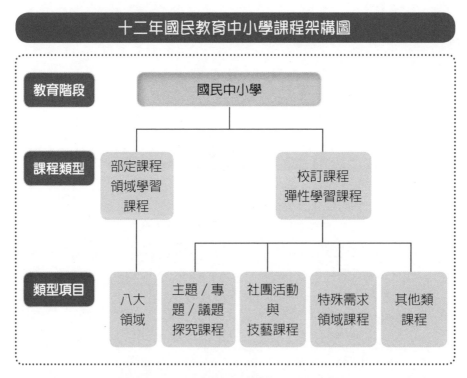

十二年國民教育中小學課程架構圖

| 教育階段 | 國民中小學 |

| 課程類型 | 部定課程 領域學習課程 | 校訂課程 彈性學習課程 |

| 類型項目 | 八大領域 | 主題／專題／議題探究課程 | 社團活動與技藝課程 | 特殊需求領域課程 | 其他類課程 |

圖 3　十二年國民教育中小學課程架構圖（教育部國家教育研究院）

二、教育課程類型

　　十二年國民基本教育課程類型區分為二大類：「部定課程」與「校訂課程」，如下所示。

表3　各教育階段課程類型

教育階段 ＼ 課程類型		部定課程	校訂課程
國民小學		領域學習課程	彈性學習課程
彈性學習課程			
高級中等學校	普通型高級中等學校	一般科目 專業科目 實習科目	校訂必修課程 選　修　課程 團體活動時間 彈性學習時間
	技術型高級中等學校		
	綜合型高級中等學校		
	單科型高級中等學校		

1. **「部定課程」」**
   由國家統一規劃，以養成學生的基本學力，並奠定適性發展的基礎。⑴在國民小學及國民中學為培養學生基本知能與均衡發展的「領域學習課程」。⑵在高級中等學校為部定必修課程，其可包含達成各領域基礎學習的「一般科目」，以及讓學生獲得職業性向發展的「專業科目」及「實習科目」。

2. **「校訂課程」**
   由學校安排，以形塑學校教育願景及強化學生適性發展。

三、各教育階段領域課程架構

表 4　各教育階段領域課程架構

教育階段	國民小學			國民中學	高級中等學校
階段	第一學習階段	第二學習階段	第三學習階段	第四學習階段	第五學習階段（一般科目）
年級	一　二	三　四	五　六	七　八　九	十　十一　十二
部定課程 語文	國語文	國語文	國語文	國語文	國語文
	本土語文／新住民語文	本土語文／新住民語文	本土語文／新住民語文		
		英語文	英語文	英語文	英語文
					第二外國語文（選修）
數學	數學	數學	數學	數學	數學
社會	生活課程	社會	社會	社會	社會
自然科學		自然科學	自然科學	自然科學	自然科學
藝術		藝術	藝術	藝術	藝術
綜合活動		綜合活動	綜合活動	綜合活動	綜合活動
科技				科技	科技
健康與體育	健康與體育	健康與體育	健康與體育	健康與體育	健康與體育
					全民國防教育
彈性學習課程	彈性學習必修／選修／團體活動	彈性學習課程			校訂必修課程 選修課程 團體活動時間 彈性學習時間

四、教學高手經驗談

1. 歷年來的課程教學改革，內容包括部定課程和校定課程，這些內容都會影響教師教學活動的實施。
2. 從課程與教學角度分析教育改革，對於教師教學的影響，大部分是教學理論與方法的運用。
3. 從教師的角度分析課程與教學改革，差異性比較大的是手中的教科書內容，這些內容需要教師進行教學理解。
4. 理解教科書的內容，是教師進行教學實施的重要關鍵。
5. 教師應該透過教科書研究，瞭解教科書的內容知識、教學方法、學習方法的運用。

心得欄

> **教學語錄**
>
> 不管教育計畫能變得多麼周密,其中一定要留個
> 重要位置給教師。因為,到了最終之處,行動都
> 將在這裡發生(Bruner, 1996)。

一、教師教學準備與支援概念圖

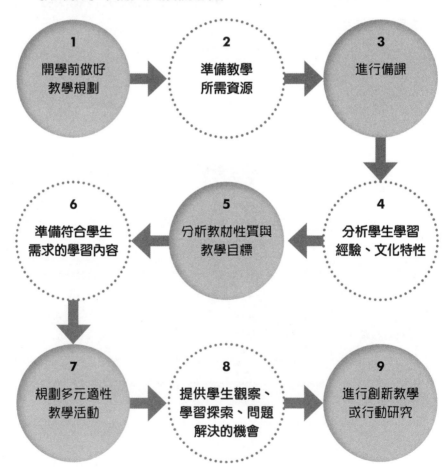

1 開學前做好教學規劃

2 準備教學所需資源

3 進行備課

4 分析學生學習經驗、文化特性

5 分析教材性質與教學目標

6 準備符合學生需求的學習內容

7 規劃多元適性教學活動

8 提供學生觀察、學習探索、問題解決的機會

9 進行創新教學或行動研究

二、教學模式與策略理念圖

十二年國民基本教育教學策略與模式

1 依據核心素養選擇適合的教學模式
2 採用有效的教學方法
3 設計有效的教學活動
4 融入數位學習資源與方法
5 使用雙語融入領域教學
6 鼓勵學生使用雙語或多語習慣
7 依據學生特性進行分組
8 指派學生多元作業

三、對教師教學的啓示和意義

1. 「我們的孩子從踏入教室的那一刻起，決定他們未來成就的關鍵因素不是膚色、出身、家世背景或財富，而是他們的老師！」（美國總統歐巴馬）

2. 「今日那些教學凌駕我們的國家，明日的競爭力將凌駕於我們之上。」（美國總統歐巴馬）
3. 不管課程與教學如何天翻地覆的改變，對於教師教學設計與實踐的改變不大，只要教師調整教學方法與策略，就能因應課程與教學革新。

四、教學高手經驗談

1. 九年一貫課程與十二年國教的課程教學內容改變，對教師而言，需要隨著改變的是教學方法與教學策略的運用。
2. 教師應該在各種進修研習活動中，將自己的教學模式進行反思，找出需要調整的地方。
3. 資深教師應該和新進教師進行專業方面的分享交流，透過彼此的經驗對話，可以找出更多教學的靈感。
4. 從教師教學準備與支援活動中，可以瞭解教師在教學前應該做很多的修正。
5. 理解教科書的內容和知識，可以提供教師教學理論與方法採用的參考。

1-8 十二年國教課程改革對教師教學實踐的意義

教學語錄

學校教育的關鍵在於課程與教學，課程與教學的重點在於教師的教學。

一、教師角色典範的修正與更新

1. 十二年國民基本教育課程綱要在108學年度要正式上路。
2. 教師角色從傳統的教師主導教學，到教師引導教學。
3. 教學決定權轉移到學生身上。
4. 唯有教師的教學理念改變了，教師的教學活動能配合改革的理念，教育改革的理想才能在教室當中落實。
5. 如果第一線的教師教學，背離了課程教學改革的理想，則課程教學的改革注定是要失敗的。

二、從九年一貫課程到十二年國民基本教育的差異

　　九年一貫課程重視的是「能力導向」的課程理念，十二年國民基本教育重視的是「素養導向」的課程理念。

表5 從九年一貫課程與十二年國民基本教育

	九年一貫課程	十二年國民基本教育
課程理念	能力導向	素養導向
課程架構	1. 七大領域 2. 自然與生活科技合一 3. 節數採彈性比例制 4. 彈性學習「節數」，其使用無明確規範 5. 重大議題設置課綱 6. 低年級「生活課程」與「綜合活動」分設 7. 各領域學習階段劃分不一	1. 八大領域 2. 分為「自然科學」與「科技」領域 3. 節數採固定制 4. 彈性學習「課程」，其使用有明確規範 5. 重大議題融入各領域 6. 低年級「綜合活動」融入「生活課程」 7. 各領域學習階段統一劃分 8. 增設「新住民語文」

三、十二年國民基本教育課程類型改變的意義

　　教師的課堂教學設計與實踐，需要配合二種課程類型的內容與需求，修正過去的教學模式，依據課程與教學的需要，採用適當的教學策略方法。

校訂（彈性學習）課程

由學校安排
提供跨領域、多元、生活化課程
功能：
形塑學校願景
提供學生適性發展機會

部定（領域學習）課程

由國家統一規定
不同學習階段間注重縱向連貫
不同領域（科目）間注重橫向統整
功能：
深植基本學力

圖 4　十二年國民基本教育課程類型（資料來源：教育部國家教育研究院）

四、教學設計與實踐重視核心素養的培養

1. 九年一貫課程實施，要求教師重視學生基本能力的培養。
2. 十二年基本國民教育課程實施，要求教師重視學生核心素養的培養。
3. 教師備課時應分析學生學習經驗、族群文化特性、教材性質與教學目標，準備符合學生需求的學習內容。
4. 規劃多元適性之教學活動，提供學生學習、觀察、探索、提問、反思、討論、創作與問題解決的機會。

五、教學設計與實踐模式的修正與應用

1. 教師在教學設計與實踐方面，需要配合課程教學上的需要，進行模式的修正與應用。

2. 教師應依據核心素養、教學目標或學生學習表現，選用適合的教學模式。

3. 就不同領域／群科／學程／科目的特性，採用經實踐檢驗有效的教學方法或教學策略。

4. 針對不同性質的學習內容，如事實、概念、原則、技能和態度等，設計有效的教學活動。

5. 適時融入數位學習資源與方法。

六、教學高手經驗談

1. 教學方法與策略的運用，需要配合班級教學情境而改變。

2. 同一種教學方法的運用，容易讓教學活動僵化而失去應有的成效。

3. 任何一種新的教學方法，都能引起學生的注意力和學習動機。

4. 從九年一貫課程到十二年國民教育，課程與教學的改變都需要教師的配合實施。

5. 教師的教學活動應該配合學生學習經驗、族群文化特性、教材性質與教學目標，準備符合學生需求的學習內容。

核心素養議題的教學

　　核心素養是近年課程教學改革的重點，主要的用意在於希望透過教師教學設計與實踐，培養學生適應未來的生活能力，具備現代公民的基本素養。本章針對核心素養議題，分析教師教學實施的具體作法，以及教師教學革新方面的改變。

第 2 章

2-1 核心素養的意涵

教學語錄

如果課程與教學是教育的關鍵，那麼核心素養是課程與教學實施的 DNA。

一、核心素養的概念

1. 核心素養（key competencies）指的是身為地球村現代公民的基本素養。
2. 核心素養包括發展主動積極社的會參與、溝通互動及個人自我實現。
3. 核心素養的理念，強調的是學習者的主體性，和傳統以「學科知識學習」為學習的唯一範疇有所不同。
4. 核心素養強調與真實情境結合，並在生活中能夠實踐力行的特質。

二、核心素養的意義

核心素養的意義，教育部國家教育研究院課程及教學研究中心（2015）指出，包括下列四項：

1. 核心素養是指一個人為適應現在生活及未來挑戰，所應具備的知識、能力與態度。
2. 核心素養較過去課程綱要的「基本能力」、「學科知識」涵蓋更寬廣和豐富的教育內涵。
3. 核心素養的表述可彰顯學習者的主體性，不以「學科知識」為學習的唯一範疇，強調其與情境結合並在生活中能夠實踐力行的特質。
4. 核心素養強調「終身學習」的意涵，注重學習歷程、方法及策略。

表 6　國際對核心素養意義的主張

教師與教學／核心素養	聯合國教科文組織（UNESCO）-2003	歐盟組織（EU）-2005	經濟合作與發展組織（OECD）-2005
主張	1. 學會求知 2. 學會做事 3. 學會共處 4. 學會自處 5. 學會改變	1. 母語溝通 2. 外語溝通 3. 數學與基本科技素養 4. 數位素養 5. 學習如何學習 6. 人際及跨文化與社會 7. 公民素養 8. 創業家精神 9. 文化表達	1. 自律自主的行動 2. 互動的運用工具溝通 3. 與異質性團體互動

三、核心素養的三大面向

　　十二年國民基本教育課程的擬定與修正，主要在於核心素養的培養。因此，十二年國民基本教育之核心素養係強調培養以人為本的「終身學習者」。包括下列三大面向：

1. 自主行動
2. 溝通互動
3. 社會參與

四、核心素養的九大項目

1. 身心素質與自我精進。
2. 系統思考與解決問題。
3. 規劃執行與創新應變。

4. 符號運用與溝通表達。
5. 科技資訊與媒體素養。
6. 藝術涵養與美感素養。
7. 道德實踐與公民意識。
8. 人際關係與團隊合作。
9. 多元文化與國際理解。

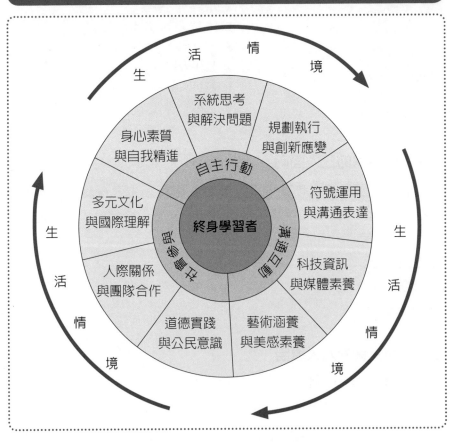

圖5 十二年國民教育核心素養的滾動原輪意象（教育部，2014）

（資料來源：國家教育研究院）

五、教學高手經驗談

1. 教師的教學活動設計，要以生活事件或生活經驗為主。
2. 核心素養的教學，主要是能和生活做緊密的結合。
3. 當教師的單元教學活動結束之前，要先想想這些概念如何與生活經驗結合。
4. 核心素養的教學活動，主要重點在於教學知識和生活的結合問題。
5. 教學與情境結合並在生活中能夠實踐力行的特質，主要是在教學活動中舉生活經驗為例。

心得欄

教學語錄

核心素養是課程改革強調的重點，教師要在單元教學中將各類知識與生活應用結合。

一、核心素養、基本能力、核心能力三者的關係

1. 「素養」要比「能力」更適用於當今臺灣社會。
2. 「核心素養」承續過去課程綱要的「基本能力」、「核心能力」與「學科知識」，但涵蓋更寬廣和更豐富的教育內涵。
3. 核心素養的表述可彰顯學習者的主體性。
4. 核心素養不再只以學科知識為學習的唯一範疇，而是關照學習者可整合運用於「生活情境」，強調其在生活中能夠實踐力行的特質。

二、核心素養與領域/科目的關係

1. **核心素養的作用**

   核心素養是培育能自我實現與社會健全發展的國民與終身學習者的「素養」，可作為各領域/科目垂直連貫與水平統整課程設計的組織「核心」。

2. **核心素養與領域/科目的對應關係**

   核心素養可以引導各領域科目內容的發展，各教育階段領域/科目的課程內涵應具體呼應、統整並融入核心素養，但各領域/科目各有其特性，因此，毋需勉強將所有核心素養內容全部納入其課程內涵中。

3. 核心素養的培養原則

核心素養的培養需秉持漸進、加廣加深、跨領域／科目等原則，可透過各教育階段的不同領域／科目的學習達成。

4. 核心素養與領域／科目的連結方式

各教育階段領域／科目的規劃，應包括該「領域／科目核心素養」及「領域／科目學習重點」。

三、各領域／科目學習重點

十二年國民基本教育課程，各領域／科目學習重點由「學習表現」與「學習內容」兩個向度所組成，各領域／科目學習重點用以引導課程設計、教材發展、教科書審查及學習評量等，並配合教學加以實踐。

四、教學高手經驗談

1. 不管課程與教學改革的重點放在哪裡，教師的教學活動都需要隨時更新。
2. 教學活動的設計與實施，需要兼顧理論與實務，在講完一個概念之後，需要提醒學生如何應用在生活中。
3. 教師要經常反思自己的教學，是否能提供學生好的知識概念，讓學生可以實際運用在生活中。
4. 不要因為課程與教學改革就慌張，從教學反思中想想自己的教學活動，有哪些是需要修正的。
5. 任何課程與教學改革，都有一個共同的特質，那就是「與時俱進」，這也是教師需要專業成長的地方。

2-3 核心素養下的學習表現與學習內容

一、重要概念

1. 十二年國民基礎教育課程，在核心素養下的學習，包括學習表現與學習內容二個重要的部分。
2. 學習表現是強調以學習者為中心的概念，學習表現重視認知歷程、情意與技能之學習展現，代表該領域 / 科目的非具體內容向度，應能具體展現或呼應該領域 / 科目核心素養。

二、學習表現

核心素養在學習表現方面，包含下面三個重要層面：

1. 認知向度

認知向度包括記憶、理解、應用、分析、評鑑、創造等層次。

2. 情意向度

情意向度接受、反應、評價、價值組織、價值性格化等層次。

3. 技能向度

技能向度包括感知、準備狀態、引導反應（或模仿）、機械化、複雜的外在反應、調整、獨創等層次。

三、學習內容

1. 核心素養的學習內容需能涵蓋該領域／科目之重要事實、概念、原理原則、技能、態度與後設認知等知識。
2. 核心素養學習內容是該領域／科目重要的、基礎的內容。
3. 學校、地方政府或出版社得依其專業需求與特性，將學習內容做適當的轉化，以發展適當的教材。
4. 教師使用的教科書，就是依據學習內容準備而編出來的教材。
5. 學習內容的內涵非常接近現行九年一貫課程中各領域的「基本內容」、「分年細目」、「教材內容」，或是高中的「教材綱要」、高職的「教材大綱」概念。
6. 學習內容應只是基本的、重要的部分，既毋須列出所有教材，也藉此保留教師補充教材的彈性空間

四、教學高手經驗談

1. 教師教學活動的設計與實踐，主要是依據該領域／科目之重要事實、概念、原理原則、技能、態度與後設認知等知識。
2. 學習內容的教學確定之後，接下來就是教師要用什麼方法，將這些原則以學生可以理解的方式進行講解。
3. 確定教學方法的使用之後，接下來就是選擇生活經驗，作為講解的案例或事件。
4. 選擇生活經驗之後，教學就需要運用各種理論與實際的結合。
5. 學習內容與學習表現的關係是相當密切的，教學活動的規劃設計都要圍繞在這二個概念之中。

"" **教學語錄**

教學設計是教師的教學藍圖，同時也是教學指引
的方向。 ""

一、核心素養下的教學設計概念圖

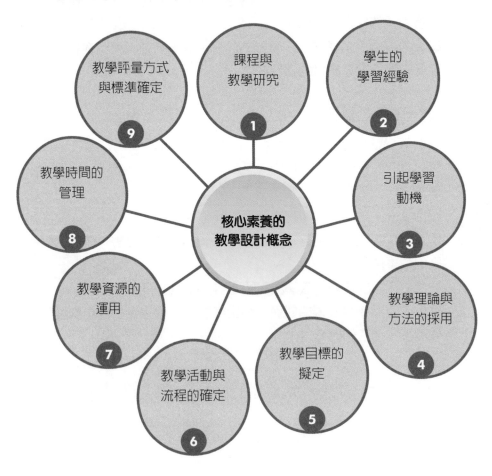

二、核心素養教學設計的功能

1. **教學目標**

   教學目標的擬定提供教師教學活動實施的具體方針，教師在教學活動實施時，應該不斷依據教學目標調整教學活動。

2. **教材準備**

   教學設計有助於教師在教學前針對學習議題，選取合適的教材，以適應在教學活動中的需求。

3. **教學方法**

   教學設計引導教師依據教學目標、教材性質及學習者的特性（例如舊經驗、學習風格、學習成效），採取適當的教學方法。

4. **教學時間**

   教學設計有助於教師在教學時間的安排方面，依據教學過程分配時間，以提高教學校率。

5. **教學對象**

    教學設計活動讓教師瞭解學生的起點行為、舊經驗、學習興趣、學習成就、能力及需要，作為教學上的因應。

6. **教學評量**

    教學設計可以用來記錄班級的教學活動，以及教師各種觀念的運作，作為未來教學活動修正與調整，提供教師教學與評量關係的參考架構。

7. **教學行政**

    在教學行政方面，教學設計的功能有助於迎合教師個人在教學過程中，立即性的心理需求，降低教師對教學的焦慮，增加信心與安全感。

三、核心素養的教學設計與實踐形式

1. **能力導向的課程教學設計**

    九年一貫課程的擬定與實施，課程設計的理念建立在「能力導向」之上。教師的教學設計，主要是圍繞在教師教學之上。

2. **核心素養的課程教學設計**

    十二年國民基本教育的課程理念是建立在「核心素養」的培養理念之上，透過課程與教學的實施，讓學生可以從學校所學的知識，有效運用在日常生活當中，解決生活上的問題。

3. **九年一貫課程與十二年國民教育設計差異**

    十二年國民基本教育課程與教學方面的設計，和九年一貫課程的教學設計，在內容和格式方面，稍微有所不同。十二年國民基本教育的課程，強調學生學習的重要性。因此，在教學設計格式方面，包括基本資料、設計依據（學習重點、核心素養、議題融入、其他領域的科目聯結、教材來源、教學設備等）、各單元學習重點與學習目標（學習表現、學習內容）、教學單元設計等，教師可以依據教學實際上的需要，做增減的工作。

四、教學高手經驗談

1. 教學設計是教師教學活動的藍圖，它只是提供大方向，教師需要隨時修正。
2. 教學設計如同蓋房子的設計圖，需要隨著實際行動而隨時修正。
3. 教學設計包括書面式的設計和心理式的設計，二者都可以運用在教學上。
4. 教學設計越周詳，教學活動的進行就越順利。
5. 教師應該先進行書面式的設計，再進行內心式的設計。

心得欄

> **教學語錄**
>
> 當教師瞭解核心素養的意義之後，就需要進行教學設計與實踐方面的修正。

一、核心素養議題下的教學設計與實踐關係圖

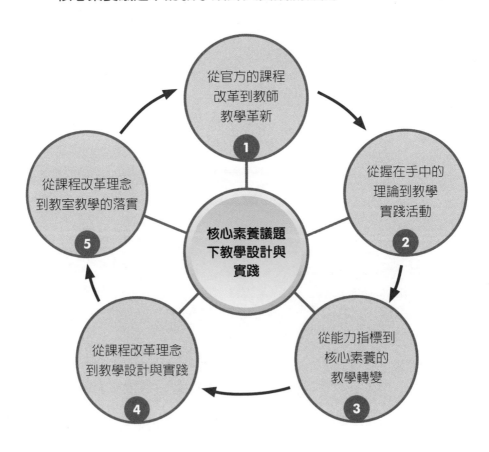

二、從官方的課程改革到教師教學革新

1. 教師在第一線當中的班級教學設計與實踐，往往採用的是基於師資培育階段對教學的想像。
2. 進入教學現場之後的經驗累積，形成日後的班級教學行動。
3. 一般的教師教學行為，大部分是屬於封閉的系統，官方的教育改革（或課程改革）對教師的教學影響是不大的。
4. 課程改革的理念和實施，要能激起教師對改革的興趣，願意加入課程教學改革的行列。

三、從握在手中的理論到教學實踐行動

1. 教師的教學設計與實踐，意味著教師將「握在手中的知識」轉化成為「使用中的知識」，以形成「班級教學實踐的行動」。
2. 此種轉化的歷程，需要教師運用專業方面的知能，配合教學理論方法的運用，才能將各種理論融入教學行動中。
3. 教師應該將各種學科教學知識，做有效的轉化運用。
4. 唯有教師從專業知能進行徹底的反思，透過反思的行動檢視自己的教學活動，配合課程教學改革典範與取徑，才能收到預期的效果。

四、從能力指標到核心素養的教學轉變

1. 課程改革的理念軌跡，從九年一貫課程到十二年國民基本教育，從能力指標到核心素養，其所代表的意義在於課程教學基本理念的轉移和改變。
2. 二次的課程教學改革，其實實質的差異性不大，重點在於課程設計與實施方面的微調。
3. 從能力指標到核心素養，這些改變代表著教師教學活動設計與實踐，需要做部分的調整修正。

4. 教師教學活動設計與實踐，不應該在停留在傳統時期的依賴教科書。

5. 教師要思考教科書中的知識，如何落實到日常生活中，解決生活中遇到的各種問題。

五、從課程改革理念到教學設計與實踐

1. 課程改革工程從擬定、規劃、設計、宣導、共識、落實等，需要經過一段漫長的歷程。

2. 從課程改革理念到教室中的教學活動設計與實踐，需要宣導、說明、研習、試辦、落實、評價等漫長的時程。

3. 課程改革如果需要真正落實到教師教學設計與實踐中，則需要第一線教學的教師積極的配合，才能收到課程教學改革的預期效果。

4. 教師對於課程教學改革工程的知覺，往往因為平日的教學負擔與班級經營的負擔重，而無法顧及課程教學改革的呼籲。

5. 激起教師對課程改革期望的「千層浪」，讓教師願意加入改革的行列中，才能落實課程教學改革的理念。

六、從課程改革理念到教室教學的落實

1. 國內的課程教學改革，如果從階段來分，可以分成課程標準的改革、九年一貫課程的改革、十二年國民基本教育課程的改革三個重要的階段。

2. 課程教學改革很少從「教師本位」出發進行實質上的訊息分析，導致實施與檢討乖離的現象。

3. 從課程改革理念到教室教學的落實，請擔任教學的教師針對自身教學的需要，提出改革的「實質建言」，改革工程的規劃實施就不至於脫離教學現場太遠。

4. 教師教學設計與實踐，應該做例行性的反思活動，進而隨時調整自己的教學活動。
5. 教師如果關心每一波的改革工程，就不會產生恐懼或抗拒的心理。

七、教學高手經驗談

1. 教師應該隨時在教室中進行反思活動，進而隨時調整自己的教學活動。
2. 第一線教師的教學要配合課程改革工程的進行，才能讓教學活動迎合時代的需要。
3. 當教師在教學中感到困擾時，就是需要透過新理念的改變時刻到了。
4. 教師的教學活動到了需要革新時，首先應該要改掉過度依賴教科書的習性。
5. 教師應該隨時將學科教學知識和日常生活的經驗，相互聯結。

心得欄

傳統教學方法

　　傳統教學方法是一般教師教學最常使用的方法，教學方法本身沒有好壞高低之分，最主要的是依據不同課程目標，採用不同的教學方法。如果教師將傳統教學方法妥善的運用，仍然可以收到高效能的教學效果。

第 **3** 章

3-1　講述教學法和應用

一、講述教學法 (didactic instruction) 的流程圖

二、講述教學法的內涵

1. 講述教學法是教師教學比較常使用的傳統教學法之一。
2. 講述教學法是以書面或口頭形式，讓學習者主動閱讀書面資料，並傾聽教師的講解。

3. 講述教學法是注入式教學，偏向教師單向活動，教學過程方便、經濟、省時為三大特色。

三、講述教學法的適用時機

1. 講述教學法較適合用來教導有系統的知識。
2. 此教學法的教學過程較呆板，但卻能依照知識體系，有系統且合乎邏輯地教給學生。
3. 學科的知識結構越嚴密、體系越完備者越適合。

四、學習與評量方法

1. 可配合各種教學評量方法，例如紙筆測驗、闖關評量、檔案評量等。
2. 最常使用的是紙筆測驗。

五、教學高手經驗談

1. 講述教學法是最基本的教學方法，新手教師要利用時間熟練。
2. 講述教學法應該和其他傳統的教學方法配合使用，才能發揮教學的最大效果。
3. 講述教學法避免「空口說白話」，需要配合各種媒體、影片、教具的使用。
4. 教師使用講述教學法時，上課的音量要有高、有低，效果才會好。

教學語錄

Thorndike 的練習律，指的是學習成果和練習次數有關。

一、練習教學法（practice instruction）的流程圖

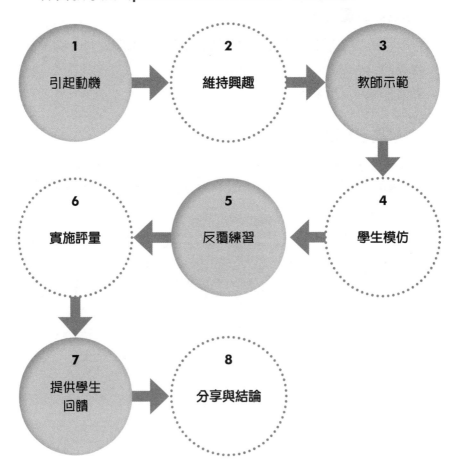

二、練習教學法的內涵

1. 「練習教學法」是為了熟練技能而通用的一種教學方法。
2. 練習包括演練（drill）和運用（practice），並配合檢討與複習。
3. 演練是指重複練習，而運用則強調應用技巧於情境中。
4. 練習並非未經思索地重複動作，而是一種有目的的認識、理解、注意、統整與反省的活動。

三、練習教學法的適用時機

1. 各種學科的教學都有運用到練習教學法的機會，各個學科領域都適合。
2. 藝能科目最常使用練習教學法，例如體操課、音樂課、家事課等。
3. 練習教學法強調學習者將各種動作、技能和需要記憶的概念，養成機械和正確的反應。如：電腦文書、縫紉、機械製圖。
4. 練習教學法的運用包括：瞭解學習反應、增強正確反應、實施補救教學。

四、學習與評量方法

1. 可配合各種教學評量方法。
2. 最常使用的是問答式評量。

五、教學高手經驗談

1. 練習教學法的運用，最好配合學生的動作演練。
2. 在講述教學之後，最好請學生將相關的概念，透過講解練習幾遍。
3. 引導學生從反覆練習中，得到學習方面的成功經驗。
4. 練習教學法是最能讓學生擁有學習成就感的方法，透過練習可以校正自己的學習模式。
5. 教師在每一個概念講解之後，就要讓學生進行練習的活動。

教學語錄

角色扮演教學法的用意,在於收到「凡事有體會才會有體諒」的效果。

一、角色扮演教學法(role-playing instruction)的流程圖

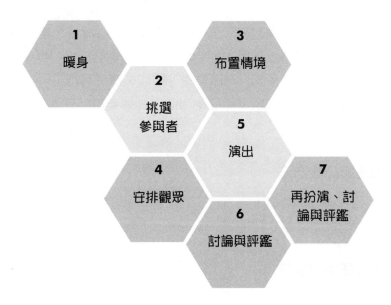

1 暖身
2 挑選參與者
3 布置情境
4 安排觀眾
5 演出
6 討論與評鑑
7 再扮演、討論與評鑑

二、角色扮演教學法的內涵

1. 角色扮演教學法是教師在實施教學時,透過故事情節和問題情境的設計,進行教學。

2. 角色扮演教學法是讓學習者在設身處地模擬的情況之下，扮演故事中的人物。例如：偉大的父母親、消防員救火的辛勞、從小關心你的父母等。

3. 角色扮演教學法是讓學生理解人物的心理世界，再經由團體的討論過程，協助學習者練習並熟練各種角色的行為。

4. 角色扮演教學法是提供各種問題情境，讓學生可以進而增進對問題情境的理解。

5. 角色扮演教學法主要的目的，在於提供學生角色磨你的機會。

三、角色扮演教學法的方法

1. 手玩偶

透過玩偶的操弄，減低親身演出的焦慮，並提供趣味性的情境，讓學習者保持一份心中的安全距離而從中表達個人的真實情感。

2. 問題故事

教師在教學中選定學生喜歡的童話故事、英雄人物或真實生活中所發生的事件，作為引導探討問題之用。

3. 魔術商店

教師設計一間商店，讓所有的學習者必須以自身現有的特質為代價，作為換取所渴望的好的特質。

4. 角色互換

教師透過角色互換方式，讓學習者培養設身處地和洞察的能力。

5. 鏡子技巧

教師利用鏡子的技巧，讓學習者瞭解自己有哪些行為習慣，將行為舉止透過鏡子呈現出來，讓學習者對自己有更進一步的認識和瞭解。

四、學習與評量方法

1. 主題評量：透過主題的設計，進行評量。
2. 情境問題評量。

五、教學高手經驗談

1. 角色扮演教學的運用，可以提高學生的學習參與。
2. 教師應該在教學前，先蒐集學生最關心的話題，進行教學前的設計。例如父子的戰爭、母女的鬥嘴等。
3. 想要讓學生瞭解大人的辛苦，最好的方法就是角色扮演教學法。
4. 角色扮演教學法可以和各種知識的學習相互配合。

心得欄

3-4 微型教學法和應用

一、微型教學法（microteaching）的流程圖

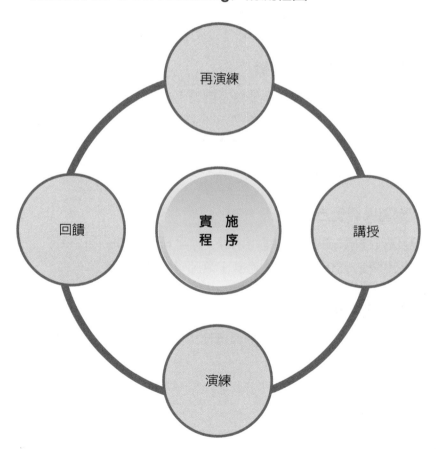

二、微型教學法的內涵

1. 傳統「微型教學法」是一種發展教學技能的特殊訓練模式。
2. 提供一種簡化複雜性的教學情境，使教學者得以在安全練習與大量回饋的情境中，聚焦於特定教學技能的學習與精熟。
3. 教師教學導入的微型教學，係將傳統教學形式加以改良運用。
4. 例如選擇當前重要且具爭議性的公共議題，模擬記者會、媒體訪問或議會質詢等情境，讓學生有模擬的機會。
5. 微型教學法的實施，採分組演練並運用過程錄影與播放討論，由教師帶領學生於面對鏡頭時，清楚觀察自己或他人的臨場反應，避免因不當表現而引發危機。

三、微型教學法的適用時機

1. 當需要提升學各種學習技能時，例如：如何面對危機處理。
2. 當培養學生行銷能力時。
3. 當培養學生各種輿情回應能力時（例如：新聞發言人）。
4. 當培養各種管理人員媒體應對技巧時（例如：公務人員的培育）。

四、學習與評量方法

1. 配合各種事先設計好的情境演練，實施實況的測驗與評量。
2. 運用各種情境闖關評量的方式，實施學習成效評量。

五、教學高手經驗談

1. 微型教學法的實施重點在於真實情境的演練、校正、再演練的培養模式。
2. 教師可以運用微型教學法的實施，訓練學生各種情境的模擬和能力的培養。

3. 微型教學法可以觀察學生自己或他人的臨場反應，作為學習的模仿與修正。

4. 微型教學法的實施，主要是在教學中讓學生形成「舊經驗」與「行為模式」。

5. 讓每一個學生可以從自己的臨場反應中，察覺自己的經驗模式是否需要修正。

心得欄

> ## 教學語錄
>
> 個案教學法的優點在於透過個案的分析，讓學生瞭解各種生活經驗的重要性和因應的策略。

一、個案教學法（case method）的流程圖

教學前 ①
1. 對案例充分瞭解
2. 瞭解案例中關鍵議題
3. 事先準備適當問題
4. 瞭解學習者
5. 瞭解自己

教學中 ②
1. 呈現案例與閱讀案例
2. 討論案例

教學後 ③
1. 蒐集適合的後續活動
2. 心得報告

二、個案教學法的內涵

1. 個案教學法又稱案例教學法，是一種由美國哈佛大學法學院教授 Christopher Columbus Langdell 所研擬出來的教學方法。
2. 個案教學法是當前管理學界、政府部門，乃至於企業大學所經常使用的教學方法。
3. 個案教學法係藉由案例作為教學材料，結合教學主題，透過討論、問答等師生互動的教學過程。
4. 個案教學法讓學習者瞭解與教學主題相關的概念或理論。
5. 個案教學法有助於培養學習者高層次能力的教學方法。

三、個案教學法的適用時機

1. 個案教學法屬於高層次認知學習，適用在特定情境中。
2. 個案教學法讓學習者有限的資訊，發揮其分析的能力。
3. 個案教學法有助於提出各種問題解決的方法。
4. 個案教學法的實施適用於「班級經營」或「危機處理」等相關課程。

四、學習與評量方法

1. 需要配合各種情境練習的評量方式，例如火警發生時的處理程序、當周遭有人心肌梗塞時的急救程序。
2. 運用各種情境的測驗與評量。

五、教學高手經驗談

1. 當教師想要運用個案教學法時，各個報章雜誌的報導，就是最好的案例。
2. 有效運用各種社會事件，有助於個案教學法的運用，並且提升教學效果。

3. 教師的教學概念講解，可以透過個案的說明，講解各種經驗和因應策略。

4. 個案教學法的運用，可以配合各種單元教學目標，例如當接到詐騙電話時怎麼因應？當遇到歹徒搶劫時如何因應？等。

5. 教師可以透過個案教學法，指導學生形成因應模式的建立。

心得欄

3-6 討論教學法和應用

一、討論教學法（**discussion instruction**）的流程圖

準備階段 ①	1. 選擇主題　　4. 訂定時間 2. 資料蒐集　　5. 排列座位 3. 成立小組　　6. 角色分配

↓

討論階段 ②	1. 引起動機 2. 說明程序 3. 進行討論

↓

評鑑階段 ③	1. 綜合歸納 2. 整體評估

二、討論教學法的內涵

1. 「討論教學法」是採用對話形式，使教師與學生、學生與學生，相互交換意見和觀點，達到某一學習目標的教學方法。
2. 討論教學法主要特色在於教師與學生針對主題進行探討，以形成共識或尋求答案，能為團體成員所接受的意見，重視互動歷程。
3. 討論教學法可呈多種形式，如腦力激盪術（brainstorming）、菲立普66法任務小組（task group）、討論會（panel discussion）、座談會（symposium）、小組討論、陪審式討論等皆屬之。

三、討論教學法的適用時機

1. 教師和學生熟悉課程內容。
2. 單元教學中研討爭議性問題。
3. 需要解決多種答案的問題。
4. 需要建立或改變個人行為時。
5. 需要培養民主參與精神。

四、學習與評量方法

1. 口頭評量：例如教師設計各種問題，讓學生提出自己學習的意見。
2. 多元評量：配合各種形式的評量方式，實施學習成效方面的測驗。

五、教學高手經驗談

1. 討論教學法的運用，可以改變學生的學習常規。
2. 透過問題的討論，可以強化學生的學習動機和學習參與。
3. 討論教學問題的設計，可以配合單元教學目標，以及學生感興趣的問題。
4. 教師可以從學生的問題討論中，瞭解學生的備課情形。
5. 好的問題討論有助於提升教學效能和學習品質。

3-7 問題導向學習法和應用

教學語錄

運用問題導向的教學可以激發學生的學習好奇心，強化學生的學習動機和學習參與。

一、問題導向學習法（problem based learning）的流程圖

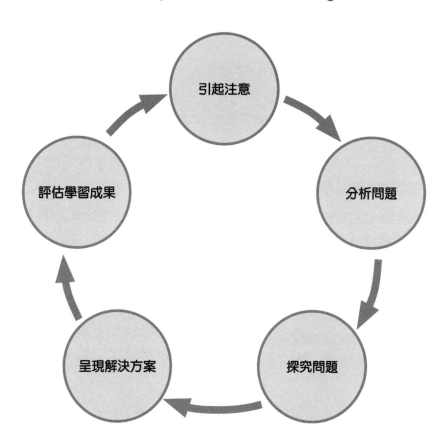

引起注意

分析問題

探究問題

呈現解決方案

評估學習成果

二、問題導向學習法的內涵

　　教師於教學過程中，引導學員對實務問題進行小組討論，以養成學員主動積極學習、獨立批判思考及問題解決能力。

三、問題導向學習法的適用時機

1. 學習者必須擔負起自我學習的責任。
2. 問題導向的模擬問題必須是模糊、結構不良、開放性的問題。
3. PBL的學習應該整合不同學科或科目。
4. 團隊合作學習。
5. 學員將自我學習的成果，透過互動討論的過程，應用於問題的解決與再分析。
6. 對於處理問題時所學到的做總結分析，並對學到的概念及原則進行討論。
7. 在PBL中的活動，必須也是真實世界中所重現的。
8. PBL應該是教學的基礎，而非其他傳統教學方法的一部分。

四、學習與評量方法

1. 動態評量的方式，例如針對主題請學生說出自己的觀點和問題。
2. 配合各種形式的測驗與評量方式。

五、教學高手經驗談

1. 教師可依據學生年齡及心理、舊經驗或知識為基礎，強化學習的遷移，增進新知及原理運用獲得。
2. 問題導向學習的設計，需要以學生為中心，從學生的學習好奇心出發。
3. 教師想要提高學生的好奇心，就需要從學生關心的議題開始。

4. 問題導向的學習，通常以學生遇到的生活問題為重點，例如教學生如何省錢的方法。
5. 問題導向學習的教學，最需要能引起學生好奇心的話題。

心得欄

一、啟發教學法（heuristic instruction）的流程圖

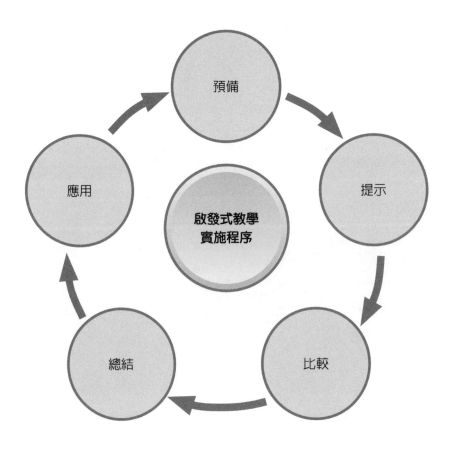

預備

提示

比較

總結

應用

啟發式教學
實施程序

二、啟發教學法的內涵

1. 啟發是一種想法、策略或步驟，用以幫助解決問題、探究活動及形成意義。
2. 「啟發教學法」係指能啟迪學生思考，發展學生自動學習能力的方法，重視師生互動的歷程，強調雙向回饋。
3. 學習過程避免被動接受教師的注入和傳授，重視學習者解決和思考能力，以期積極主動學習。
4. 啟發法從開啟和發展觀點加以解釋。針對注入式教學而稱，理論的發展可溯於蘇格拉底的反詰法和孔子的教學法。
5. 啟發式教學具下列意義：(1)教導前述的想法、策略及步驟；(2)教導如何應用這些想法、策略及步驟；(3)以啟發的方式教學生，讓學生能使用這些想法、策略或步驟，以增強啟發的意義並能有效的解決問題。

三、啟發教學法的教學活動

1. 預備：認識學生、瞭解班級學生程度、詳細研究教材內容。
2. 提示：製作綱要、依序介紹、隨時發問、善用教具。
3. 比較：(1)對於事物相似性的比較、(2)事物間關聯性的比較、(3)相對的比較、(4)次序改變的比較。
4. 總結：(1)教師採用問答或指導討論，解決問題以獲得結論。(2)指導學生整理，將學習重點整理成簡要綱要，或製成表解，使學生獲得系統知識。
5. 應用：指導學生將學到的知識及技能，作應用的練習。

四、學習與評量

1. 可配合各種教學評量方法。
2. 最常使用的是問題式評量。

五、教學高手經驗談

1. 任何教學方法的選擇，都需要配合教學目標的內容。
2. 當教師感到任何一種教學方法效果不佳時，最好是配合其他教學方法的運用。
3. 教學方法的運用不是萬能的，而是需要教師巧妙的運用。
4. 教師想要學生積極參與學習，就要靠教師的巧妙設計。
5. 啟發教學法的運用，強調教師與學生的雙向互動。

心得欄

3-9 發表教學法和應用

一、發表教學法（expressive instruction）的流程圖

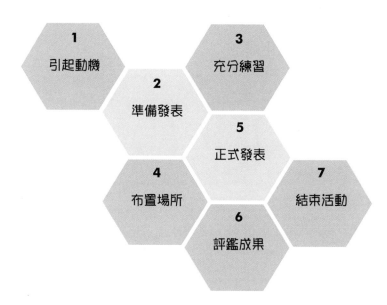

1 引起動機

2 準備發表

3 充分練習

4 布置場所

5 正式發表

6 評鑑成果

7 結束活動

二、發表教學法的內涵

1. 「發表教學法」是一種以學生發表為主要教學活動的教學方法。
2. 教師在教學過程中，指導學生經由不同途徑和方式，表達自己的知能和情意，以達到預定目標。

3. 發表教學法鼓勵學生將思想、情感、意志，用語言、文字、動作、圖形、工藝、音樂、戲劇來表達。

4. 發表教學法應力求內容創新設計符合學習者的心理策略，滿足學生心理層面。

5. 發表教學的類別，可分為五類：

   (1) 心智技能（intellectual skill）的發表教學。

   (2) 認知策略（cognitive strategies）的發表教學。

   (3) 語文資訊（verbal information or knowledge）的發表教學。

   (4) 動作技能（motor skill）的發表教學。

   (5) 情意方面（affective domain）的發表教學。

三、發表教學法的使用類型

1. 語言表達的發表。
2. 文字創作的發表。
3. 美術創作的發表。
4. 技能動作的發表。
5. 創作發明的發表。
6. 音樂演唱的發表。
7. 戲劇表演的發表。
8. 媒體創作的發表。

四、學習與評量

1. 可配合各種教學評量方法。
2. 最常使用的是檔案評量與動態評量。

五、教學高手經驗談

1. 好的教學要讓學生有展示自己亮點的機會。

2. 發表教學法如同演員上臺表演的機會一般，可以讓學生從發表中得到成功的機會。

3. 不管是成功的發表，或是失敗的發表，都是學習的重要成效。

4. 教師的單元教學應該要讓學生有發表的機會，進而瞭解學生的學習成效。

5. 有效運用發表教學法的各種類型發表，可以讓學生的學習成效提高。

心得欄

一、世界咖啡館（world café）教學法的流程圖

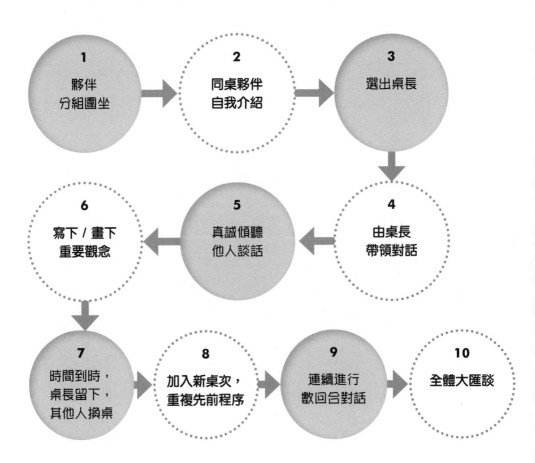

二、世界咖啡館教學法的內涵

　　世界咖啡館是一套很有彈性的實用流程，可以帶動同步對話、分享共同找到新的行動契機，並且創造出動態的對話網絡，在重要議題上為組織或社群催生集體智慧。

三、世界咖啡館教學法的適用情境

1. 學生人數超過12人以上。
2. 教學時間至少有90分鐘以上的時間。
3. 教學針對重大的挑戰，展開深入探索。
4. 讓首度碰面的人可以展開真正的對話。
5. 為現存團體裡的成員建立更有的關係，培養認同感。
6. 分享知識、激發創新思維、建立社群，針對現實生活裡的各種議題和問題展開可能的探索。
7. 在演說者和聽眾間創造有意義的互動。

四、學習與評量

1. 可以配合各種形式的評量活動。
2. 教師可以設計各種需要評量的議題，引導學生進行學習成效的展現。

五、教學高手經驗談

1. 教學活動的進行，需要經常性的改變教師的教學型態，才能收到預期的效果。
2. 教學方法策略不能如同吃「速食店炸雞」，容易感到厭倦。要經常性的改變教學策略，調整教學方法。
3. 每一個教學活動的進行，如果能像在咖啡館閒聊的話，教學成效一定會很好。

4. 教師應經常改變教室的教學位置、調整教學方法、修正教學策略。
5. 教學活動最好是經常性的改變，不管是方法、策略、活動，或是教學媒體，都需要從改變中提升教學效能。

心得欄

適性教學方法

　　適性教學方法的運用，主要是教學方法可以適合
每一個學生的學習特質，讓每一位學生有學習成功的
機會，透過適性教學的實施，可以在學習歷程中，得
到自我實現。本章適性教學方法，內容包括反思教學
法、示範教學法、電子師徒制法、社會化教學法、概
念獲得教學法、適性教學法、個別化教學法。

第 **4** 章

反思教學法和應用

一、反思教學法(reflective teaching)的流程圖

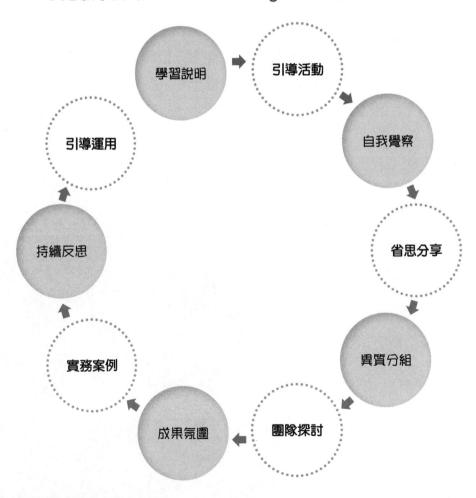

二、反思教學法的內涵

1. 「反思教學法」是根據個體過去與現在的所作所為與所經歷的事件，作一系列的統整活動。
2. 反思教學法可以使個體對本身之信念、知識與行動，得以修正並獲得創新的突破。
3. 反思使個體未來能獲得更好的行動結果與效能，並建構出個人的知識與意義。
4. 反思教學法能從既有的事物與經驗中，待觀察與沉澱後，獲得新的思考，而產生新的行動。

三、反思教學法的適用情境

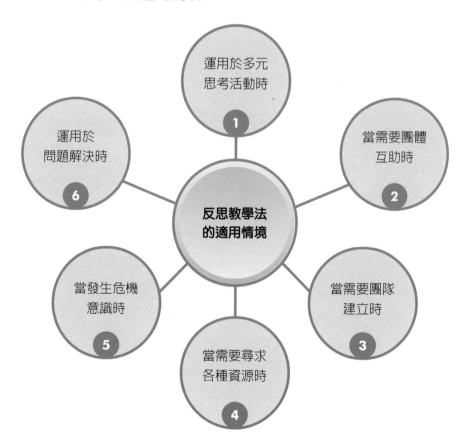

四、學習與評量

1. 可以配合各種形式的評量。
2. 一般最常使用的評量活動是動態評量。

五、教學高手經驗談

1. 反思教學法的實施可以讓學生瞭解自己的學習思考歷程。
2. 經常性的有意義的反思，可以讓教師瞭解學生學習困難的原因。
3. 當學習完一個重要概念時，教師就需要引導學生進行反思活動，所學到的知識才能運用在日常生活中。
4. 想要改變學生的學習模式，就需要透過反思活動的教學。
5. 教師的教學思考歷程和學生的學習思考歷程一樣重要。

心得欄

一、示範教學法（demonstration teaching）的流程圖

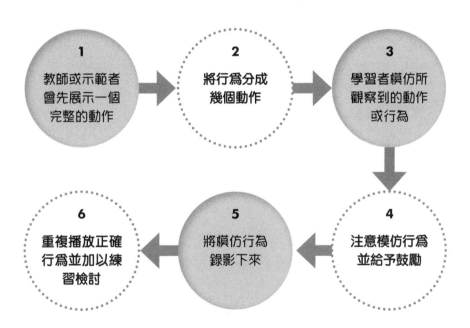

1. 教師或示範者會先展示一個完整的動作
2. 將行為分成幾個動作
3. 學習者模仿所觀察到的動作或行為
4. 注意模仿行為並給予鼓勵
5. 將模仿行為錄影下來
6. 重複播放正確行為並加以練習檢討

二、示範教學法的內涵

1. 教學過程為教師或指導人員先示範如何做某件事。
2. 說明其過程知識給學習者，然後讓學習者試著做相同或相似的活動。
3. 教師針對學生的動作並給予回饋，告訴學生其學習表現成功及失敗之處。
4. 教師依據學生的學習表現，親自修正示範的動作，並且重複這個程序。

三、示範教學法的適用時機

1. 示範可用於同儕小組的模仿及反思教學（reflective teaching）。
2. 示範也適用於學校內的試教或微型教學（microteaching）。

四、學習與評量

1. 最常使用動態評量。
2. 配合主題評量的實施。
3. 運用學生發表的評量。

五、教學高手經驗談

1. 教師想要瞭解學生的學習情形，就請學生將所學到的講出來（thinking aloud）。
2. 透過示範活動的實施，可以幫助教師瞭解學生的學習是否正確。
3. 教學活動進行到一個階段時，教師就應該讓學生示範一下。
4. 一節50分鐘的教學活動，儘量避免重複固定的講解或示範。
5. 讓教學活動精彩的關鍵，在於教師經常性的改變教學方法。

4-3 電子師徒制法和應用

一、電子師徒制法（e-mentoring）的流程圖

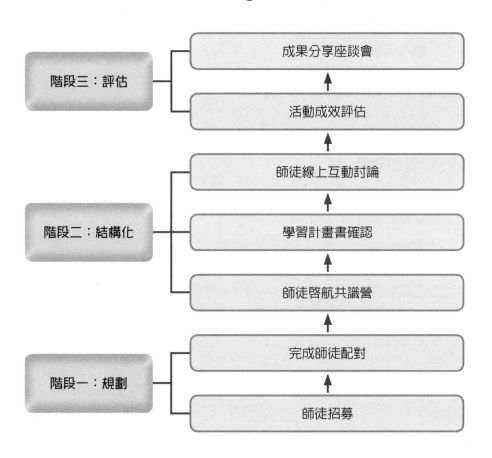

階段三：評估
- 成果分享座談會
- 活動成效評估

階段二：結構化
- 師徒線上互動討論
- 學習計畫書確認
- 師徒啟航共識營

階段一：規劃
- 完成師徒配對
- 師徒招募

二、電子師徒制法的內涵

1. 電子師徒制屬於師徒制的一種運作方式。
2. 隨著資訊科系的發展，科技元素的納入，使師徒制的實施方式更具彈性。
3. 相對於傳統師徒制，電子師徒制主要透過網際網路或電子科技輔助，進行師徒互動。
4. 立基過去多年推動數位學習之輔導經驗，以及學生對於資訊科技運用的情形，結合線上社群討論機制，建構學習電子師徒制運作模式。
5. 電子師徒制的建立，以使人力智慧結晶得以傳承延續，讓學習與科技相結合。

三、電子師徒制法的適用時機

適用於各領域的知識與技能傳授。

四、學習與評量

1. 適合各種學科領域教學的評量方式。
2. 可以結合學科領域各種形式的評量。

五、教學高手經驗談

1. 建立教學的師徒制，有如大手牽小手的效果。
2. 當教學活動進行時，可以透過師徒制或同儕學習輔導制度，協助教學活動的進行。
3. 透過配對的雙人學習制度，可以隨時提供學習上的輔助。
4. 電子師徒制的理念，可以運用在學科領域的教學和學習中。
5. 學生協助學生的效果，比教師輔導學生的效果來得好。

社會化教學法和應用

一、社會化教學法（socialization instruction）的流程圖

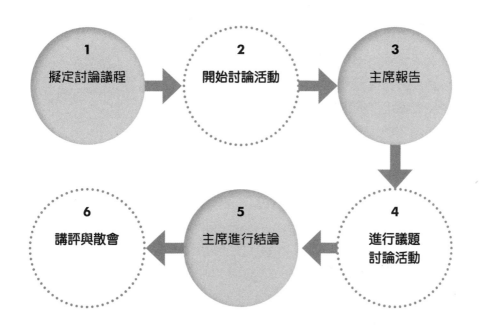

二、社會化教學法的內涵

1. 「社會化教學法」又稱為團體教學法。
2. 社會化教學法是利用團體活動的方式，由教師指導學生進行學習活動的一種方法。

3. 社會化教學法屬於情意陶冶的教學方法，目的在於發展群性。
4. 社會化教學法目的在於培養學生的社會道德，以訓練民主風度和合作精神。

三、社會化教學法的實施

1. 學習者有濃厚的學習興趣。
2. 培養獨立學習的能力。
3. 強調師生間互動。
4. 重視教學環境與氣氛。
5. 學習者具備問題分析能力。
6. 學習者具備問題解決能力。
7. 適用於固定學科的教學。
8. 適用於程度較高的學生。
9. 時間運用上的限制。
10. 時間花費較多。

四、學習與評量

1. 可配合各種教學評量方法。
2. 最常使用的是主題式評量。

五、教學高手經驗談

1. 好的教學要讓每一位學生都有發表意見的機會。
2. 社會化教學要設計學生具有興趣的問題，在教學活動進行時討論。
3. 民主風度與合作的精神，需要教師在教學活動中藉機培養。
4. 當學生在教學中有參與討論的機會，學習的動機就會被激發出來。
5. 情意陶冶對教學活動的實施，具有決定性的關鍵要素。

4-5 概念獲得教學法和應用

一、概念獲得教學法（concept acquisition method）的流程圖

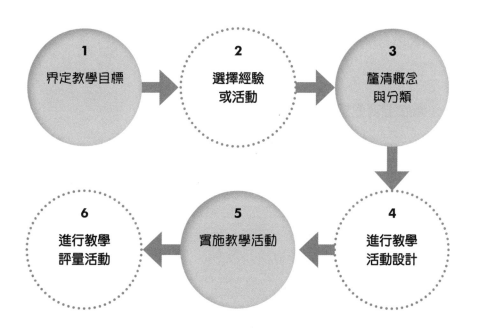

二、概念獲得教學法的內涵

1. 「概念獲得教學法」適用於概念的教導;概念獲得教學法策略源自布魯納(Jerome S. Bruner)所提出「教材結構」及「直觀思考」的教學理念。
2. 所謂概念,是指具有共同特徵(又稱屬性)的某一類事物的總稱。
3. 當教學目標要求學生能自行界定新概念、理解並應用該概念時,可選用概念獲得法。
4. 概念的學習就是學習分類,就是把具有共同屬性的事物集合在一起並冠以一個名稱,把不具有此類屬性的事物排除出去。
5. 概念的一個基本特徵就是每個概念都有其「定義性特徵」,那個將事物集合在一起的共同屬性,又可被稱為「關鍵特徵」或「標準屬性」。

三、概念獲得教學法的適用時機

1. 當教學活動涉及很多的概念學習時,需要採用概念獲得教學法。
2. 當學生能自行界定新概念、理解並應用該概念時,例如數學的表面積算法。
3. 當學生需要將具有共同屬性的事物集合在一起並冠以一個名稱時,例如各類三角形的辨別。
4. 當教師需要指導學生將相類似的概念,進行分類並學習時。

四、學習與評量

1. 可配合各種教學評量方法。
2. 最常使用的是紙筆測驗。

五、教學高手經驗談

1. 學科領域概念的教學，需要教師針對概念進行分類。

2. 在教學活動實施之前，教師要能熟悉概念教學所需要採用的策略有哪些？

3. 學科教學要領，「喜歡」比「會」更重要，因此教師要學會設計有趣的教學活動。

4. 如果學生在單元概念學習時，無法在預期的時間達到精熟程度，教師要先瞭解概念的分類是不是有問題。

心得欄

4-6 適性教學法和應用

一、適性教學法（adaptive instruction）的流程圖

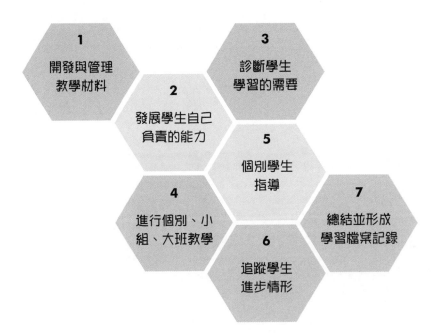

1 開發與管理教學材料

2 發展學生自己負責的能力

3 診斷學生學習的需要

4 進行個別、小組、大班教學

5 個別學生指導

6 追蹤學生進步情形

7 總結並形成學習檔案記錄

二、適性教學法的內涵

1. 「適性教學法」基本的涵義是指應用不同的教學措施以配合一群體中個別學習者的能力、需要或興趣。

2. 教育機會均等的理念是提供每一位學生適性教育的機會，讓每個學習者在學習過程中，不會因為各種先天的條件和後天的環境，而造成學習上的不平等現象。

3. 適性教學法的理念，最早源於孔子的因材施教和蘇格拉底(Socrates)的詰問法，針對不同的學生所提出的問題和回饋的內容因人而異。

4. 適性教學法的實施源自於早期的個別化的概念，讓每個學習者依據自己的學習狀況、需求而選擇學習或教學的方式和模式。

5. 適性教學法是以學生為主軸、教學為輔助的教學法。

三、適性教學法的適用情境

1. 當學生的學習差異過大時，可以採取適性教學法。
2. 當教師的教學需要因為個別學生的需要而改變時。
3. 當學生的學習成效差異大時，教師需要採用不同的教學方法。
4. 當教學需要依據不同學習狀況而改變時。
5. 當需要每一個學生達到學習上的精熟程度時。

四、學習與評量

1. 可配合各種教學評量方法。
2. 最常使用的是個別化評量。

五、教學高手經驗談

1. 教學活動的實施，需要顧及每一位學生的特質和需要。
2. 如果學生的學習有落後的情形，教師就需要給予個別的指導。
3. 好的教師教學，需要在每一個階段幫助學生進行有效的學習。
4. 教學活動結束之前，要瞭解學生的學習進步情形，作為是否補救教學的依據。
5. 教師要能在教學中，讓每一位學生都有不同的收穫。

> **教學語錄**
>
> 教學無法提供每一位學生的需求，但個別化教學可以提升每一位學生的學習成效。

一、個別化教學法（individualized instruction）的流程圖

```
1
評估學生的
起點行為

2
擬定適當的
學習目標

3
依據學習特
質提供媒體

4
瞭解團體中的
學習速度

5
提供高效率
的學習方法

6
評鑑學習
成果

7
總結或檢討
學習成效
```

二、個別化教學法的內涵

1. 「個別化教學法」是一種尋求適應每一個學生學習需求的教學策略或設計。
2. 個別化教學法旨在透過教學的設計，運用創新的教學方法、靈活的教學活動，以適應學習者的個別差異，達到因材施教的效果。
3. 個別化教學法是1950年代中期所發展出來的教學方法，其理論基礎建立在施金納（B.F. Skinner）的行為主義心理學之上。
4. 早期的個別化教學法是由編序教學法（programmed instruction）發展而來。
5. 個別化教學法是指教師依據各學生不同的特質與需求，以不同的方式、內容和時間等進行教學活動。

三、個別化教學法的適用時機

1. 當教學需要適合不同學生的學習差異時。
2. 當教學需要解決學習困難的學生，以利正面的學習效益時。
3. 當教師必須花費比較多的時間處理學生問題時。
4. 當教師需要整合各學科領域教學時。

四、學習與評量

1. 可配合各種教學評量方法。
2. 最常使用的是問題式評量。

五、教學高手經驗談

1. 教師的教學要能符合每一位學生的需求。
2. 當班級的學生學習差異大時，就需要採用個別化的教學，滿足每一位學生的學習。
3. 當學生在學習過程中，出現學習不利的情形時，教師就需要調整教學流程。
4. 每一位教師在教學前，都應該準備三種以上的教學方案。
5. 編序教學法運用在個別化教學上，主要是將複雜的概念，合理的分成幾個簡單而次要的概念而進行教學。

心得欄

創意教學方法

　　創意教學方法主要是和一般傳統教學方法有所不同，在傳統教學方法的基礎之上，採用新的教學方法，以提高學生的學習興趣和學習動機。例如：欣賞教學法、建構式教學法、創造思考教學法、合作學習教學法、多元文化教學法、多元智能教學法、探究教學法、價值澄清教學法、設計教學法、編序教學法等。

第 **5** 章

欣賞教學法和應用

教學語錄

欣賞教學的主要用意，在於讓學生眼裡可以容下他人的成就，進而修正自己的努力。

一、欣賞教學法（appreciation instruction）的流程圖

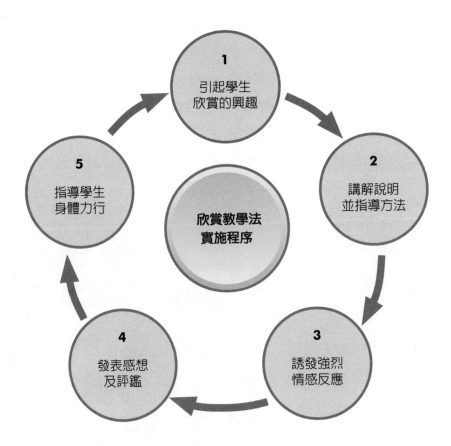

二、欣賞教學法的內涵

1. 「欣賞教學法」是情意領域的重要教學法之一。
2. 欣賞教學法是教師在教學過程中，教導學生對於自然、人生、藝術等方面認知，並瞭解其評價的標準。
3. 欣賞教學法是教師引導學生發揮想像力，使其身歷其境，激發其深摯的感情，以建立自己在這些方面的理想或陶融自己的心性。
4. 欣賞教學法主要用意在於引導學生欣賞他人、瞭解自己。

三、欣賞教學法的適用情境

1. 當教師需要教學步驟清楚分明，便於按部就班，循序進行教學時使用。
2. 當教師重視學生思想與啓發，利於養成學生有系統的思考習慣時。
3. 當教師需要利用歸納演繹方式來學習知識，學生易於瞭解，時間上比較經濟，不必學生費許多心思去摸索時。
4. 當教師隨時利用適當的情境，誘發學生產生強烈的情感反應時。
5. 當教師認為學生需要瞭解彼此之間的差異，或是需要欣賞他人的優點時。

四、學習與評量

1. 可配合各種教學評量方法。
2. 最常使用的是動態評量。

五、教學高手經驗談

1. 所有教學活動中，欣賞他人的部分是最難教給學生的。
2. 學校的教育活動需要更多的欣賞與鑑賞能力的培養。
3. 教師只有指導學生接納自己的不足，才能進而發展欣賞他人的情懷。
4. 接納自己的缺點、瞭解自己的不足，才能發展出欣賞他人的情懷。
5. 在教學前先分析事件的優缺點，進而分享美好的事物，是欣賞教學實施的關鍵。

心得欄

5-2 建構式教學法和應用

教學語錄

建構式教學法主要的用意，在於讓學生主動地建構新的概念，透過概念的建構瞭解學生的學習歷程。

一、建構式教學法（constructivist instruction）的流程圖

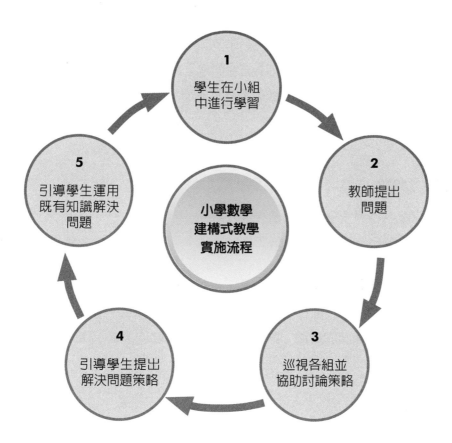

1 學生在小組中進行學習

2 教師提出問題

3 巡視各組並協助討論策略

4 引導學生提出解決問題策略

5 引導學生運用既有知識解決問題

小學數學建構式教學實施流程

二、建構式教學法的內涵

1. 「建構式教學法」係以學生為主體。
2. 讓每位學生均能地依據原有的先備知識與想法，主動去建構新的概念，而達到有意義學習的一種教學方法。
3. 建構式教學法乃是源自教育心理學二位大師——皮亞傑（Piaget）與維果斯基（Vygotsky）的教育思想理念所發展出之教育教學的新典範（paradigm），對後世的教育影響相當深遠。

三、建構式教學法的適用情境

1. 透過建構式教學法，能引導學生主動建構知識，而非被動接受或吸收知識。
2. 強調做中學、討論及反思，而非聆聽、練習。
3. 教師不再是知識的權威者，透過鼓勵學生討論及反思，建構最適合的知識。
4. 強調對於每位學習者的既存概念都需加以重視。

四、學習與評量

1. 可配合各種教學評量方法。
2. 最常使用的是檔案評量與動態評量。

五、教學高手的經驗談

1. 教學活動的實施，應該以學生為主體。
2. 教師教學活動的實施，應該要讓學生由被動的學習，轉而成為主動的學習。

3. 將教學活動設計成為「解決問題策略」，讓學生透過既有知識，解決教師提出來的問題。

4. 教學活動的實施，要讓學生主動建構出新的知識。

5. 教學活動的實施，教師應該要讓學生有反思和討論的機會。

心得欄

一、創造思考教學法（creative thinking method）的流程圖

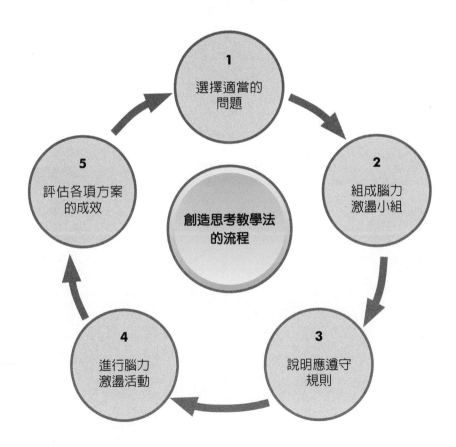

1 選擇適當的問題

2 組成腦力激盪小組

創造思考教學法的流程

5 評估各項方案的成效

4 進行腦力激盪活動

3 說明應遵守規則

二、創造思考教學法的內涵

1. 創造思考教學法係教師在實施教學過程中，依據創造和思考發展的學理和原則而發展出來。
2. 創造思考教學法是運用適當的教育方法和技術，安排合理有效的教學情境與態度，刺激並鼓勵學生主動地在學習中思考。
3. 創造思考教學法是教師的教學活動，以助長學生創造思考發展的教學活動。

三、創造思考教學法的教學活動

創造思考的教學活動，包括腦力激盪法、分合法、聯想技巧、夢想法、屬性列舉、型態分析、目錄檢查法、檢核表技術、六W檢討法等。

四、學習與評量

1. 可配合各種教學評量方法。
2. 最常使用的口頭評量。

五、教學高手經驗談

1. 創造思考教學法的實施，有助於瞭解學習知識運用的實際情形。
2. 核心素養的教學強調知識和生活經驗的結合，創造思考教學法是最好的考驗方法。
3. 創造思考教學法的問題，最好是讓學生從生活經驗中找出問題來。例如：如何破解飲料被下毒的方法？
4. 教師安排合理有效的教學情境，有助於激發學生學習的動機。
5. 教師應該從教學活動中，刺激並鼓勵學生主動地在學習中思考。

一、合作學習教學法（cooperative learning instruction）的流
程圖

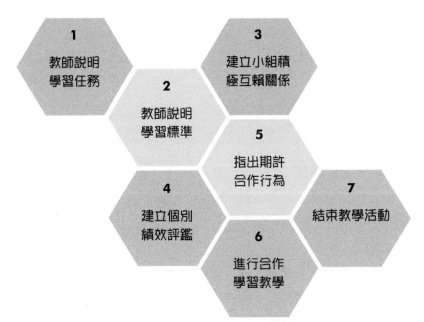

二、合作學習教學法的內涵

1. 「合作學習」是指一些特定的群體活動，在此活動中，學生以小團體的方式一同工作，以達到共同設定的目標。
2. 合作學習教學法是教師運用團體氣氛，促使學習者相互幫助、利益與共、團結一致，使每位學習者皆能達到學習效果的教學方法。
3. 合作學習教學中，每個學習者不只對自己的學習負責，也對其他學習者的學習負責。
4. 合作學習讓每個學習者都有成功的機會，對團體都有貢獻，能為小組的學習成功盡一份心力。
5. 合作學習教學是建立在以團體方式，達到學習目標的教學策略之上。

三、合作學習教學法與傳統教學法的比較

表 7　合作學習與傳統教學差異比較表

項目	合作學習教學法	傳統教學法
教學者角色	引導學習	引導學習
獲得知識方式	主動學習、討論、溝通	被動學習
課堂主角	學生為主、教師為輔	教師為主、學生為輔
座位安排	以討論及互動方式安排	固定座位
小組分組方式	異質性分組	不分組
學習責任	重視個人與團體學習績效	重視個人學習績效
互動方式	採用合作技巧	採用個人技巧
教學成效檢討	重視歷程與持續性的改善	重視個人酬賞

四、學習與評量

1. 可配合各種教學評量方法。
2. 最常使用的是動態評量。

五、教學高手經驗談

1. 教師教學活動的進行，避免以「教師為主」的教學型態。
2. 想要讓學生積極參與教學，就要讓每一個學生都有表現的機會。
3. 教學活動的實施，避免讓學生成為「陪讀」的角色。
4. 運用「異質性分組」教學活動的實施，可以達到「扶強濟弱」的效果。
5. 將學生的學習責任以「共同體」的方式，進行責任的相互承擔，是提升學習效能的好方法。

心得欄

> **教學語錄**
>
> 多元文化的精神在於「同中求異、異中求同」的展現。

一、多元文化教學法（multi-cultural instruction）的理念流程圖

認知方面 ①
1. 瞭解與認同自己的文化
2. 瞭解文化多樣性
3. 瞭解文化差異
4. 培養自己的文化意識

情意方面 ②
1. 培養自我概念
2. 消除刻板印象與偏見
3. 培養角色取代能力
4. 肯定自我
5. 培養自信心

技能方面 ③
1. 培養群際關係能力
2. 培養多元觀點
3. 培養社會行動能力
4. 培養適應現代社會能力

二、多元文化教學法的內涵

1. 「多元文化教學」強調「多元」、「差異」與「社會行動」等概念。
2. 多元文化教學法希望培養學生對不同文化的理解與欣賞，對差異觀點的尊重與包容。
3. 多元文化教學法重點在於消除優勢族群的偏見與刻板印象，提升弱勢族群的自我概念。
4. Gay（1995）認為多元文化教育的目標包括個人與社會二大面向。
5. 個人目標包括自我肯定、認同差異、不同文化團體增能；社會目標則是提升對不同文化團體的理解與態度，使社會呈現多樣化並回應文化差異。

三、多元文化教學法的教學活動

1. 確定課程組織要素，並選定連結概念的通則後，就要依據主題發展教學活動。
2. 教學活動可以依據多元文化教育的目標設計，例如促進族群關係的合作學習法，瞭解知識建構過程的認知教學與討論教學，強調作決定及社會行動能力的批判取向教學等。
3. 多元文化社會科強調以學生為中心的教學模式，重視知識重建過程與參與社會行動能力的培養。

四、學習與評量方法

1. 運用各式各樣的評量方式，配合學習、習作、工作，以及呈現方式，用來評量學生學習精熟程度，且評估學生是否能將學習結果適切地應用在多元文化社會中。
2. 評量方式可結合觀察、實作表現、自我反思、卷宗評量、寫作練習、個案研究分析、批判思考、問題解決、創意思考、跨文化關懷與分享行為等多元評量方式。

五、教學高手經驗談

1. 教學活動的實施，學生給老師50分鐘，老師應該給學生全世界的視野。

2. 教師應該在認知、技能、情意方面，教導學生多元文化的觀點。

3. 多元文化教學的用意在於瞭解自己、認識他人、接納差異等情懷。

4. 促進族群關係的合作學習法的教學，可以讓學生接納不同學習成就的同儕。

5. 認識地球村的概念，有助於學生瞭解不同世界的生活、社會經驗、國際事件等。

心得欄

多元智能教學法和應用

> ## 教學語錄
>
> 每個學生的智能發展不一樣，教師要能針對不同學生的智能發展，給予教學上的特別照顧。

一、多元智能教學法（multiple intelligences instruction）的內涵圖

二、多元智能教學的內涵

1. 「多元智能教學」是以美國哈佛大學迦納博士（Dr. Howard Gardner）提出的多元智能理論（Theory of Multiple Intelligence）為核心的教學活動。
2. 透過多元智能所提供的哲學觀和課程架構，引導教學活動的實施。
3. Gardner在1983年出版了《智力架構》（Frames of mind）一書，提出多元智能論，認為有八種智能是人類用來學習、解決問題，以及創造的工具。
4. Gardner指出傳統智能論其中的缺失，他認為，智力測驗所設計的問題，偏重數學、語文方面的能力，或大都受限於特定的社會和教育環境之下的知識，而很少評估受試者吸收新知識或解決新問題的能力。
5. 多元智能論打破了傳統智力理論採用單一、可量化的智能來描述每個個體，迦納認為每個人至少都有八種智能，且每一種智能都代表一種解決問題的潛力。

三、多元智能教學的適用時機

1. Gardner建構了個別化的課程觀，讓學校能完善的針對學生的個別需求，提供適性的教育選擇。
2. 根據多元智能的觀點，除了大多數學校主要重視的語文和邏輯數學智能以外，教育的重點更希望在培育學生其他方面的能力和才能。
3. 多元智能理論協助教師把現有的課程或單元轉換成多元方式的學習機會，在課程設計上，最好的方式是將各種多樣的教學方法結合運用，擴大課程範圍，以納入更廣泛、更多元的學科。

四、學習與教學評量法

1. 可配合各種教學評量方法。
2. 最常使用的是檔案評量與動態評量。

五、教學高手經驗談

1. 教學活動的實施，要讓學生可以發揮多元智能的內涵。
2. 教師要接受不是每一位學生都可以達到精熟學習的程度，要讓每一位學生都能發揮自己的智能。
3. 同樣的學科領域學習，要讓學生可以發揮不同的智能發展。
4. 教師應該運用學生各種不同的智能學習，達到教學輕鬆、學習成功的效果。
5. 教師教學活動成效評量，要讓學生自己選擇表現的方式來展示。

心得欄

5-7 探究教學法和應用

教學語錄

探究教學的使用，主要是讓學生學會思考技巧，針對各類問題進行思考並提出解決策略。

一、探究教學法（inquiry instruction）的流程圖

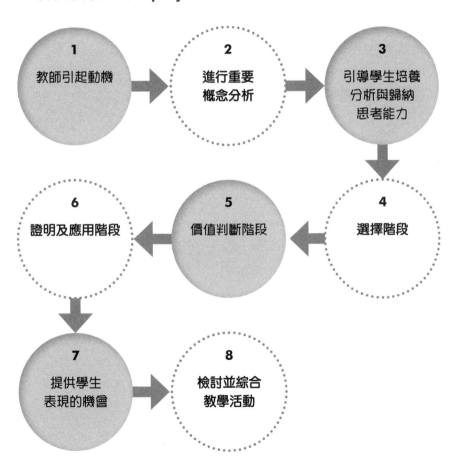

1 教師引起動機

2 進行重要概念分析

3 引導學生培養分析與歸納思考能力

4 選擇階段

5 價值判斷階段

6 證明及應用階段

7 提供學生表現的機會

8 檢討並綜合教學活動

二、探究教學法的內涵

1. 「探究教學法」是一種有系統、有組織的教學策略。
2. 探究教學法乃利用循序漸進的問題技巧，設計周密的教學歷程，以培養兒童明確的認知概念、客觀的處事態度、獨立的思考能力，以及正確的價值觀念。
3. 教師在探究教學過程中，指導學生主動探究問題並解決問題的教學法，強調以學習者的探究活動為主，培養學生高層次的思考能力及建立正確的價值體系。
4. 探究教學法中，教師的主要角色是引導學生從事探究活動，教師是引導者，學生是積極的思考者。
5. 美國教育學者布魯納（J. S. Bruner）是近代提倡探究教學法最力的一位，認為求知是一個過程而非成果，學生並非只是知識的接受者，更應該是主動的探究者。

三、探究教學法的教學活動

依據教師在教學中所扮演的角色而分成指導式探究和非指導式探究二種。

1. 指導式探究

主要目的在於教導學生學習「如何學習」。此種學習方式是教師引導學生實際針對某一個議題，進行學術性的探究，教師隨時給予引導、提示。

2. 非指導式探究

學生扮演主動積極的角色，教師居於協助的地位，不給學生任何的指導。在探究過程中，由學生自行蒐集所需要的資料，並加以整理，透過資料的分析、歸納，獲得答案以解決問題。

四、學習與教學評量法

1. 可配合各種教學評量方法。
2. 最常使用的是紙筆測驗。

五、教學高手經驗談

1. 教師教學活動的進行，要依據課程教學目標選擇自己是處理指導角色或非指導角色。
2. 教學活動讓學生處於主動的角色，教師就不必過度費心思在班級常規上面。
3. 探究教學法的應用，對於學生思考能力的提升，具有正面積極的意義。
4. 在教學活動中教導學生學習「如何學習」，比概念的教學效果來得好。
5. 探究教學的應用，首先要從指導式探究開始，進而實施非指導式探究。

心得欄

一、價值澄清教學法（value clarification method）的流程圖

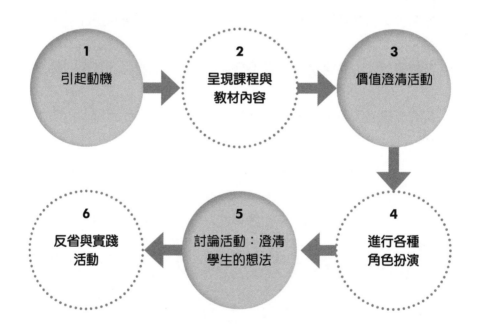

1 引起動機　→　2 呈現課程與教材內容　→　3 價值澄清活動

6 反省與實踐活動　←　5 討論活動：澄清學生的想法　←　4 進行各種角色扮演

二、價值澄清教學法的內涵

1. 「價值澄清教學法」為情意領域的教學方法之一。
2. 強調教導學生一系列價值形成的過程，以預先設計之活動，協助學

生反省、分析其信念、情感與行為，以便發現或形成其個人價值觀。

3. 1957年美國紐約大學教授拉斯(Louis Raths)首先使用價值澄清法，到1966年拉斯與人合著的《價值與教學》(Values and Teaching)出版後，價值澄清教學法才漸受重視。

三、價值澄清教學法的教學程序

價值澄清教學程序可分成幾個時期：

1. 瞭解期
教學者應該指導學習者蒐集各種學習資源，並且提出個人對這些資源的想法和意見。

2. 關聯期
此時期的重點在於指導學習者將瞭解期所蒐集的資料和個人的觀點做一適性的聯結，將學習有關的資料、理論和個人的經驗做有效的聯結，並進一步澄清二者之間的關聯。

3. 評價期
此時期的重點在於指導學習者反省自己所經驗過的價值或感情，並公開表露前三個階段的某些部分，引導學習者評價自己的喜好和情緒。

四、學習與教學評量

1. 可配合各種教學評量方法。
2. 最常使用的是動態評量。

五、教學高手經驗談

1. 當學生的概念或認知混淆時，價值澄清教學法是比較理想的方法。
2. 價值澄清教學法的重點在於讓學生瞭解自己的想法，以及想法和行動之間的關係。
3. 當學生面臨幾種需要抉擇的情境時，價值澄清教學法有助於學生進行正確的抉擇。
4. 教師教學活動時，可以利用機會向學生分享自己的抉擇歷程和相關因素。
5. 價值澄清教學法應該配合經驗分享或人生價值方面的澄清。

心得欄

設計教學法和應用

一、設計教學法（project instruction）的流程圖

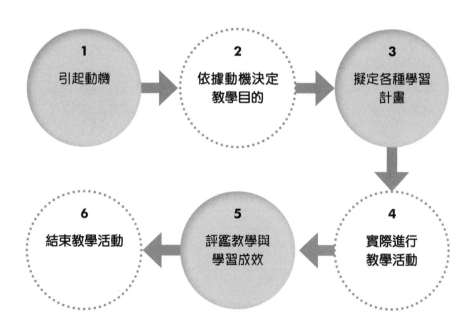

| 1 引起動機 | 2 依據動機決定教學目的 | 3 擬定各種學習計畫 |
| 6 結束教學活動 | 5 評鑑教學與學習成效 | 4 實際進行教學活動 |

二、設計教學法的內涵

1. 「設計教學法」是指以一個大設計項目為中心，或以一系列設計項目為一教學單元，從事教學活動的過程。

2. 設計教學法源於本世紀初，最早原於杜威的反省思考歷程，經李查德斯命名為設計教學法，後經美國教育家克伯屈（William H. Kilpatrick, 1871-1965）極力提倡而定型。
3. 設計教學法的主要目的是讓知識返回生活，返回人類的共同需要，將人類所關心的問題變為教學課題。
4. 學生在自己決定的學習工作中，發現實際問題，自己擬定目標，設計工作計畫，運用具體材料，從實際活動中完成工作。
5. 設計教學法是一種解決問題，培養創造能力的教學法。

三、設計教學法的適用時機

1. 當教師進行系統化的教學步驟時，採用設計教學法。
2. 當學科知識的應用廣泛時，需要進行設計教學法。
3. 當教師需要學生在學習歷程中，主動學習──符合做中學理念時。
4. 當教學活動進行時，強調手腦並用──強調學生思考與參與時。

四、學習與教學評量法

1. 可配合各種教學評量方法。
2. 最常使用的是檔案評量。

五、教學高手經驗談

1. 教師在教學前應該將學生關心的議題，設計成為教學討論的議題，例如：怎樣使用化妝品比較不傷皮膚。
2. 教學是將生活經驗與知識聯結起來，讓學習活動變得有意義。例如：網路上的訊息如何判斷正確與否？
3. 想要讓學生積極參與學習，就需要讓學生提出和教學目標有關的各種問題作為討論的內容。

4. 教學活動進行到某一階段時，教師必須將所教給學生的知識，進行運用和反思的動作。例如：機率的學習和大樂透的中獎機率之間的關係。

5. 教學活動的實施，強調手腦並用的功能，才能提高學生的學習參與。

心得欄

一、編序教學法（programmed instruction）的流程圖

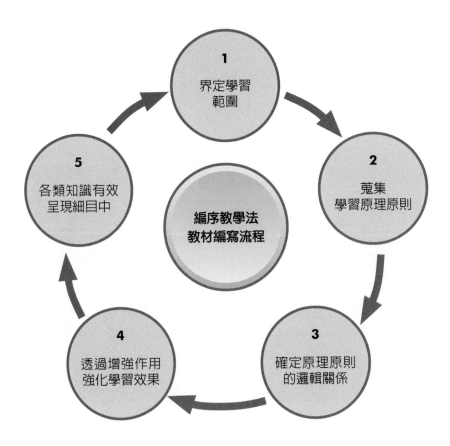

1 界定學習範圍

2 蒐集學習原理原則

3 確定原理原則的邏輯關係

4 透過增強作用強化學習效果

5 各類知識有效呈現細目中

編序教學法教材編寫流程

二、編序教學法的內涵

1. 「編序教學法」是根據操作制約理論中的增強原理，所設計的一種循序漸進的教學方法。
2. 編序教學法屬於自學的教學方法之一，實施重點在於教材組織的改進，採循序漸進方式進行學習。
3. 主要特色是利於學生學習，在學習過程中可以得到立即性的回饋。
4. 編序教學法是根據學習原理中聯結論的理論發展而成，將教材內容按照由簡而繁、由淺入深的順序排列，循次漸進達到預定學習目標。
5. 編序教學法的發展是採用聯結理論中的操作制約學習，使個體反應受到增強或使個體針對反應與相對的刺激建立正確聯結，而達到學習目標。

三、編序教學法的活動

　　教師事先將學生所要學習的知識或原理原則，依據知識的分類或學習上的需要，作組織、歸類、分析，以利於學習活動的進行。呈現方式包括三種：

1. **卡片式**
   將學習者所要學習的內容，以問題的方式印在卡片上，標準答案印在卡片另一面。
2. **書本式**
   將學習者所要學習的內容，以問題的形式依次排列印成書本或教科書的方式，通常在正面印上問題，反面印上問題的標準答案。
3. **教學機**
   將各類教材的細目和標準答案，依據分類或教學上的特性置於教學機內。

四、學習與教學評量法

1. 可配合各種教學評量方法。
2. 最常使用的是問題式評量。

五、教學高手經驗談

1. 教師在教學進行中，應該要將概念細分成幾個重要的細目，以利學生學習。
2. 有些學生不必教師教就會，但有更多的學生需要教師多講幾遍才學會。
3. 當學生學習困難時，教師應該要透過各種形式的講解，讓學生可以瞭解概念本身的意義。
4. 編序教學法的運用要和行為改變技術（如獎勵）配合使用。
5. 將學科概念以問題的形式依次排列印成書本或教科書的方式進行教學，對於學生的學習理解有正面的幫助。

心得欄

分組合作學習議題教學 ▽

　　分組合作學習教學法和一般的教學法不同，主要的用意在於從「教師中心」的教學，轉而為「學生中心」的教學，透過同儕學習輔助合作的策略，讓每一位學生都可以從教學中獲得成功的機會。合作學習的成效不僅包括教學成效、學習成效，還包括學習動機、學習參與、合作技巧的強化。本章告訴你合作學習的意義和策略，讓想要改變教學的教師，採取教學改革的行動。

第 **6** 章

6-1 分組合作學習的意義

一、分組合作學習的意涵

1. 合作學習的實施與重視個別式、競爭式的學習過程，有相當大的差異。

2. 在教學活動的實施，或是學習活動的進行，分組合作學習都有助於提升學生的學習成就。

3. 分組合作學習有助於增進學生的學習動機。

4. 分組合作學習可以發展學生合作技巧及溝通技巧，增進學生在學習方面的自尊，同時具備多種功效的教學策略。

二、分組合作學習的精神

「合作學習」具體而言，是指在合作學習的過程中，將學生分成若干小組，各小組的成員都針對特定的學習單元，以及所瞭解的方式共同去完成的學習責任，所有成員努力朝向小組的共同目標邁進，組內成員透過表達自己的想法，及瞭解對方的想法而互相學習，並讓自己有所成長。

三、分組合作學習的發展

1. 合作學習法能普遍被應用的原因有下列三個：(1)重要理論的支持；(2)眾多研究的證實；(3)以及明確而便於實施的教學策略。
2. 自西元1700年代末葉起，即有許多合作學習的觀點，於20世紀中期由Johnson與Johnson研究及推廣而被廣泛應用於中小學教學中。
3. 即將展開的十二年國教，重視的是學生的合作學習。

四、分組合作學習的重要性

1. 合作學習能改善學生的學習，並提高學生學習的動機。
2. 合作學習的實施，提供學生在學習策略方面的相互學習。
3. 合作學習能促進學生的合作能力，包含合作的知識、技能和情意。

五、教學高手經驗談

1. 好的教學活動，需要教師本身具備至少五種以上的教學方法。
2. 很多時候，教師教了，學生不一定學會，學生學會，不一定要靠教師的教學。
3. 當教師教學發展到一個階段之後，應該要考慮採用分組合作學習，讓學生可以自主的學習。
4. 分組合作學習的運用，可以提升學生的學習動機和學習興趣。
5. 教師教學方法的改變，需要一段適當的時間；學生學習成效的提升，也需要一段適當的時間。

分組合作學習和傳統的教學

一、分組合作學習與傳統教學差異

1. 合作學習與傳統教學活動的實施，在各方面差異性相當大。

2. 傳統教學活動的實施，強調只要將課程教材內容教給學生，引導學生達到知識學習的精熟程度即可。

3. 傳統教學活動的進行偏重於學科教學知識的傳授，而忽略學生在學習方面的參與和樂趣，學習活動的進行是單向的。

4. 合作學習的實施強調以學生為學習的主體，教師提供各種合作技巧的情境，引導學生進行學習活動，在教學中協助學生，達到各種精熟的程度。

5. 合作學習強調學習的責任是學生本身，由學生為自己的學習負責。

二、合作學習與傳統教學差異比較表

　　合作學習教學和傳統教學的主要差異，包括教學者角色、獲得知識方式、課堂主角、座位安排、小組分組方式、學習責任、互動方式、教學成效檢討等（參見表8）。

表 8　合作學習與傳統教學差異比較表

項目	合作學習教學法	傳統教學法
教學者角色	引導學習	引導學習
獲得知識方式	主動學習、討論、溝通	被動學習
課堂主角	學生為主、教師為輔	教師為主、學生為輔
座位安排	以討論及互動方式安排	固定座位
小組分組方式	異質性分組	不分組
學習責任	重視個人與團體學習績效	重視個人學習績效
互動方式	採用合作技巧	採用個人技巧
教學成效檢討	重視歷程與持續性的改善	重視個人酬賞

三、教學高手經驗談

1. 合作學習教學法和傳統教學法的使用，教師可以依據單元教學上的需要，採單一的教學法或是混合式的教學法。

2. 當教師採用合作學習教學法，如果感到某種程度的困難時，可能是學生還不習慣這個新的教學法。

3. 教師在採用合作學習教學法時，應該要給學生一段時間的適應時期。

4. 任何教學方法的改變，都需要從傳統的教學方法開始，然而慢慢的調整教學方法的使用。

5. 傳統教學法和分組合作學習教學法在運用時，可以從不同的層面先做試驗性的使用，再決定全盤採用新的方法。

> **教學語錄**
>
> 分組合作學習的主要用意,在於透過各種學習策略的運用,加強學生的學習參與。

一、 分組合作學習類型圖

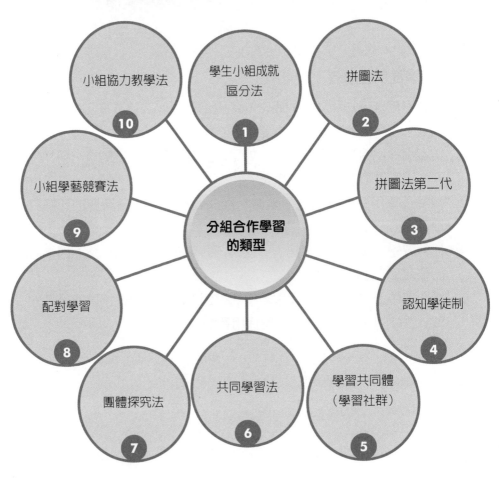

- 小組協力教學法 ⑩
- 學生小組成就區分法 ①
- 拼圖法 ②
- 拼圖法第二代 ③
- 認知學徒制 ④
- 學習共同體(學習社群) ⑤
- 共同學習法 ⑥
- 團體探究法 ⑦
- 配對學習 ⑧
- 小組學藝競賽法 ⑨

分組合作學習的類型

二、分組合作學習類型說明

1. **學生小組成就區分法（student' s teams achievement divisions, STAD）**

   學生小組成就區分法是合作學習中最容易實施的方式，其應用範圍最廣，也是實施效果最顯著的方法，包括五個主要的構成要素：

   (1) 全班授課：教師利用口頭或視聽媒體介紹需要學習的教材。

   (2) 分組學習：教師依據學生的能力、性別、背景、學習心理等特質，將學生分為4-5人一組。

   (3) 採取異質性分組方式，再以教師的形式一起學習以精熟單元教材。

   (4) 小考：學生透過個別小考的方式評鑑學習成效。

   (5) 個人進步分數：以學生過去的學習成績作基本分數，視其進步的分數決定每個人為小組爭取多少積分（林進材，2013）。

2. **拼圖法 (Jigsaw instructuion method)**

   拼圖法是Aronson（1978）發展出來的教學法，係將教材分成五個小子題，教師將全班學生分組，每組有六個學生，每位學生負責一個小子題，另一位學生列入候補，以便遇到學生缺席時，遞補之用。負責相同子題的學生先成立「專家組」共同研究負責的子題，以達到精熟的程度。而後，負責將精熟的內容教給同組的其他同學。拼圖法是由學生形成學習上的共同體，經由同儕學習的關係，完成預定的學習目標（林進材，2013）。

3. **拼圖法第二代（Jigsaw-II）**

   拼圖法二代的教學流程為：全班授課→（原小組、專家小組）分組學習→分組報告或發表→小組及個人成效評鑑（個人、小組）。此項教學法大多被運用在社會科學的教學，以及以閱讀為主的科目中。其中專家小組的形成是讓每一組分配到相同主題的學生自成一組，共同討論教材內容並精熟研究的主題，之後將討論結果加以整理記錄，再回到原組報告自己研究的主題。

4. 認知學徒制（cognitive apprenticeship）

認知學徒制是Collins、Newman、Rogoff等人提出來，是一種「做中學」的形式，教師針對教學活動目標與內容，將學生需要完成的學習任務置於真實情境中，引導學生學習活動的進行，從實際工作環境的社會情境中產生，並重視學生的認知及後設認知等。

5. 學習共同體（學習社群）（learning community）

學習共同體的概念是透過學習社群的方式，以學生學習分組的形式，運用學習共同責任與相互分享策略，達到教學與學習目標。

6. 共同學習法（learning together）

共同學習最有名的推動者為Johnson 與 Johnson (1994)，其概念源自學習中共同合作、競爭與個人主義三種學習目標的比較。此法對小組人數有限定，且均為異質分組。此種方法特別重視組內成員互信互賴的關係，以及各組間合作關係的建立；因此，經由作業的安排、學生角色的任務分配、獎勵制度的建立、合作技巧的指導等來增進學生的合作學習，是此法的重點。

7. 團體探究法（group investigation）

團體探究法的步驟包含六個連續階段：

(1) 組織探究小組，並界定主題。

(2) 計畫探究工作。

(3) 進行探究工作。

(4) 準備成果發表。

(5) 小組成果發表。

(6) 師生共同評鑑。

8. 配對學習（paired learning）

配對學習的特色在於教師應該摒除學習者僅使用自己的方式達成合作學習目標的缺失，應該藉由配對式合作學習方式，引導學生小組成員透過彼此認知互動的過程，促使學習者達成共同的學習目標。

9. 小組學藝競賽法（TGT）

小組學藝競賽法的教學流程如下：全班授課→分組學習→學藝遊戲
競賽→小組及個人成效評鑑→（個人、小組）表揚。

10. 小組協力教學法 (簡稱 TAI)

此種教學法結合了合作學習及個別化教學，其教學步驟說明如下：
安置測驗→分組學習（閱讀說明頁—單元練習—形成性測驗—單元
測驗）→小組評鑑（小組評分）→個人學習評鑑（真正測驗）→全
班授課。

三、教學高手經驗談

1. 分組合作學習各種類型，可以交互使用，或是相融使用。
2. 教師在運用各種分組合作學習教學法之前，應該先將各類型的教學
   方法熟悉之後，再交替使用。
3. 使用一種新的教學方法，至少需要進行幾個單元的教學之後，才能
   收到預期的效果。
4. 教師在採用教學方法前，應該要先評估該單元的教學是否適用此種
   教學方法。
5. 教學方法成效的評估，學習成效不是唯一的標準，學生學習態度、
   學習參與、合作技巧、同儕關係應該也要納入評估的項目。

教學語錄

教學活動實施的主角是學生，教師只是活動的配角，因此教學應該以學生為主體。

一、分組合作學習的教學流程圖

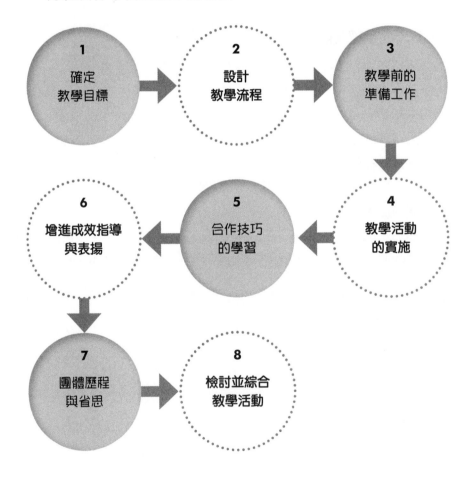

1 確定教學目標 → 2 設計教學流程 → 3 教學前的準備工作 → 4 教學活動的實施 → 5 合作技巧的學習 → 6 增進成效指導與表揚 → 7 團體歷程與省思 → 8 檢討並綜合教學活動

二、分組合作學習教學前的準備

1. 決定小組人數

教師在教學前應該針對教學時間、教材、學生能力與合作技巧等因素，來決定學生小組人數的多寡。

2. 進行學生分組

教師在教學前，應該針對課程與教材性質，將學生以異質性分組為主，在分組時依據學生性別、專長、興趣、學業成就等進行分組。

3. 安排學生的角色以增進互賴關係

教師在完成分組之後，為了達成有效的教學目標，可以分配每一組員一個角色任務，以增進學生的角色互賴關係。每一小組都需要有組長、記錄員、觀察員等。

4. 安排學習空間

在小組學習空間的安排方面，應該要以組間不相互干擾原則，在教室內小組的空間要儘量加大，並且留有通行路線，以方便任課教師到各組間參與協助工作。

5. 規劃教材以增進互賴關係

教師應該依據教學目標與學習目標規劃教材，包括學生能力、教學環境、教學內容、教學流程等，讓學生可以在小組學習期間，透過資源共用或目標互賴的原則，促進共同討論的機會，以增進組內合作的關係。

三、分組合作學習的教學實施

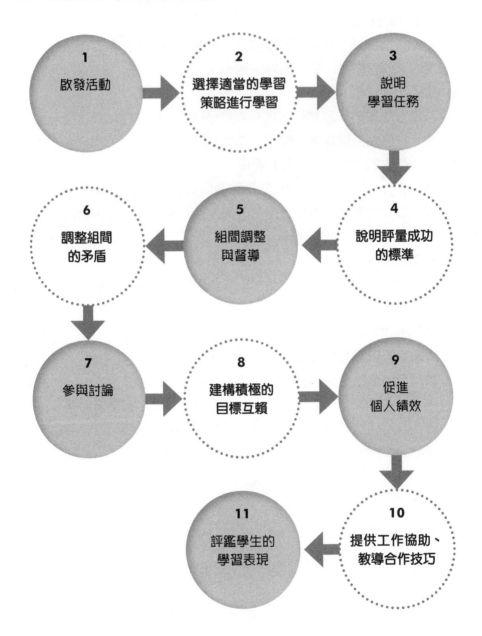

1　啟發活動

2　選擇適當的學習策略進行學習

3　說明學習任務

4　說明評量成功的標準

5　組間調整與督導

6　調整組間的矛盾

7　參與討論

8　建構積極的目標互賴

9　促進個人績效

10　提供工作協助、教導合作技巧

11　評鑑學生的學習表現

1. **啟發活動**

   教師依據教學上的需要以及小組的學習情形，透過不同問題的提出，啟發各組成員的思考，進行不同的指導與協助。

2. **選擇適合的學習策略進行學習**

   教師依據學生的學習特性，選擇適合的學習策略，透過團體合作學習的力量，讓小組的每一位學生都能共同完成教師所指派的學習任務。

3. **說明學習任務**

   教師在進行小組合作學習前向學生說明學習任務，學習任務的說明，包括重要的概念、原則、程式、方法、策略等，都要詳細讓學生瞭解。

4. **說明評量成功的標準**

   教師在交代完學習任務之後，應該清楚說明學習評量的標準，例如：教師說明數學評量平均成績要達到80分以上，才算通過評量。

5. **組間調整與督導**

   在實施分組合作學習時，教師應該要瞭解學生的行為表現，適時提供學生在學習上的協助，做積極且建設性的建議，並教導學生合作技巧及評量學習效果。

6. **調節組內的矛盾**

   在合作學習過程中，有些學生如果參與度低的話，或是無法和同儕進行合作，教師就應該要立即調整學生的學習狀態，以增進合作學習的進行。

7. **參與討論**

   在分組合作學習中，教師應該要引導學生進行討論，並且參與學生的分組討論。

8. **建構積極的目標互賴**

    教師在進行分組合作學習時,應該要隨時針對學生的合作情形,進行抽點使學生不敢鬆懈,有助於強調個人的學習績效,使學生組員彼此合作盡力。

9. **促進個人績效**

    個人績效的計算,可以避免學生於學習中分心或不參與,導致影響全體的小組成績。

10. **提供工作協助、教導合作技巧**

    學生進行分組學習時,教師應該提醒學生重要的學習策略與必備的技巧,提供具體的建議,幫助學生解決學習上的問題。

11. **評鑑學生的學習表現**

    分組合作學習模式中評鑑學生的學習表現,一般都採用標準參照的評量,教師可以在合作學習過程中,將小組的過程表現、合作表現等項目納入評量的範圍。

四、合作技巧的學習

1. **合作技巧的指導**

    教師應該利用機會教導學生分組合作學習的各種技巧,必要時可以介入或提供各種有效的合作技巧,協助學生在進行分組合作時解決各種問題。

2. **指出期許的合作行為表現**

    教師必須具體說明期望學生在學習小組中適當而理想的行為表現,以輔導學生表現出合作的行為。

3. **建構組間的合作關係**

    當小組完成任務時,教師可以鼓勵小組到其他組進行協助,等到所有小組達到預期目標時,給予全班進度及鼓勵。

五、學生成效指導與表揚

1. 督導學生學習行為

教師應該透過各種方式，觀察小組學生的互動情形，並瞭解在人際互動與合作技巧上的表現，進而督促所有成員共同合作完成指定的學習任務。

2. 提供作業協助

透過評量瞭解學生的學習困難情形，使用具體的說明及教導方法，答覆問題並鼓勵學生討論，協助各組完成任務並增強學習效果。

3. 進行多元評量

合作學習特別重視合作技巧的學習與運用，因而學習成效的評量，除了學業成就的檢核外，同時評量合作技巧，以瞭解學生真正的學習成果。

4. 總結課程重點

當學科單元結束時，教師與學生可以共同整理所學的教材，透過回憶或舉例說明等方式，統整課程與教材重點，掌握教材中的重要概念。

5. 學習成效表揚

學習成效的表揚應該要重視小組成員之間的互賴關係，使小組學習產生適合的合作學習行為與學習技巧。

六、教學高手經驗談

1. 分組合作學習的運用，可以讓每一位學生積極參與教學活動。
2. 教師如果想要運用分組合作學習，可以先將班級學生二個配成一組學習共同體。
3. 教學活動進行時，當學生遇到概念學習困難時，教師可以運用同儕輔導的方式。
4. 合作學習的技巧，需要教師在教學前指導學生，養成合作的習慣。
5. 分組合作學習可以和傳統教學法一起運用，讓學生的學習都可以達到成功的目標。

心得欄

6-5 分組合作學習與學科教學

> **教學語錄**
>
> 學科領域教學活動的進行，教師可以採用各種分組合作學習，提高學生的學習意願。

一、合作學習與學科教學成效

合作學習與學科教學成效之間的關係，國內外相關的研究已經證實，合作學習策略的運用，有助於提升教師學科教學成效，同時能增進學生的學習興趣、學習動機、學習態度、學習合作技巧。

二、合作學習與語文科領域教學

1. 運用合作學習策略，有助於提升學生閱讀和寫作方面的能力。
2. 對於學生語文方面的學習成效，具有正面積極的意義。
3. 在語文閱讀方面，運用分組合作學習於閱讀教學上，合作學習有助於提升國中生的語文學習成效

三、合作學習與英語學科教學

1. 合作學習策略有助於學習者學習英語時，提升記憶字彙及閱讀理解。
2. 合作學習策略能增進同儕互動。
3. 對於學習落後的學生，能透過英語合作學習促使英語學習態度由被動轉而主動，提升英語學習效能。

四、合作學習與數學科教學

1. 合作學習在國中數學科教學上的應用，對於學生的學習態度、學習參與、學習興趣與學習成效，具有正面積極的意義。
2. 合作學習對於教學效能的提升，具有積極的作用。
3. 合作學對於學習成效的提升，具有正面的意義。

五、合作學習與社會領域教學

1. 合作學習應用於國中社會領域的教學，有助於教師提升學生的學習成就、學習動機與學習興趣、學習參與等。
2. 合作學習的應用，對於教學成效的提升具有正相關。
3. 合作學習的應用，可以提升學生的人際關係。

六、合作學習與自然與生活科技領域教學

1. 應用合作學習，對於國中學生在相關領域學科的成效，有助於獲得良好的班級氣氛。
2. 應用合作學習能增進學科知識的理解與好奇心，正向提升學科學習態度。
3. 應用合作學習有助於培養學生在學科問題解決方面的能力。

七、合作學習與藝術與人文領域教學

1. 合作學習在強調學生必須團隊合作以完成任務的同時，也讓學生學習到如何尊重他人。
2. 合作學習重視在團隊合作的過程中，慢慢引導學生接納自我、實現自我。
3. 合作學習為了積極參與團隊而願意遵守團體規範，建立積極的人生觀等。

八、教學高手經驗談

1. 當教師的教學遇到瓶頸時，不妨考慮換另一種教學方法試試看。
2. 分組合作學習的運用，需要教師依據學科領域教學的需要，考慮採用哪一種的合作學習策略。
3. 每一種教學方法實施成效，需要以完整的教學單元為實施的週期，再評估教學實施成效。
4. 教師如果想要提升學生的學習成效，建議先從學習參與、學習動機的提升做起。
5. 想要提升學生的學習成效，就需要瞭解學生為什麼對學習缺乏興趣。

心得欄

教學語錄

教師想要提升教學成效，就必須從研究當中萃取
結論與建議的精華。

一、分組合作學習的研究發展

1. 分組合作學習的研究，近年來在質與量方面，累積相當豐富的成果。
2. 分組合作學習研究的實施與應用，具有正面積極的意義。
3. 合作學習的研究發展趨勢包括研究內容的整合性、研究變項複雜化、研究設計的多樣性、研究方法的統合性、研究應用實用性。
4. 合作學習的研究對於教師的教學與學生的學習，具有啓發性與啓示性。

二、分組合作學習的研究方法

1. 任何研究方法都適合運用在分組合作學習的研究。
2. 分組合作學習的研究方法以「實驗研究法」最為普遍，其次是問卷調查法。
3. 分組合作學習的研究包括量化與質性研究，其中以量化研究最普遍。

三、分組合作學習的研究內容

1. 以教學為主的研究，包括分組合作學習在各學科領域教學上的應用。
2. 以學習為主的研究，包括實施分組合作學習在學生學習方面的應用情形。

3. 以實施成效的研究，包括分組合作學習在學習成就、學習態度、學習參與、學習動機、合作技巧、人際關係方面的改變情形。

四、分組合作學習的研究階段

1. 分組合作學習的研究，目前以國中階段最普遍，小學階段其次。
2. 未來的研究建議增加高中（職）、大學階段，探討分組合作學習的實施與成效。
3. 幼兒園階段的研究，建議進行以合作學習策略為主的研究。

五、教學高手經驗談

1. 當教師教學遇到困難或瓶頸時，進行教學研究是比較理想的改善方法。
2. 每一位老師都應該進行教學研究，尤其是探討自己教學優缺點的「教學實踐研究」。
3. 教學實踐研究的擬定和實施，主要是針對教師自己的教學實施，瞭解自己的教學存在哪些問題，進而透過理論與實際的驗證，修正自己的教學方法。
4. 當教師想要進行教學研究時，分組合作學習的主題研究，是比較理想的選擇。
5. 分組合作學習的研究，主要的重點包括在每一個學科領域的運用情形，包括教學實施的成效，以及學生學習效能。

差異化教學議題教學

　　差異化教學的主要目的，在於強調教師的教學活動，可以注意每一位學生的學習需求，提供每一位學生適性的教學策略，讓每一位學生都能達到學習成功的理想。本章重點在於說明差異化教學的理念、方法、策略、作法、評量，提供教師教學設計與實踐上的參考。

第 **7** 章

7-1　適性教學與差異化教學的概念

> ## 教學語錄
>
> 學習的差異往往不是來自個別差異，而是來自教師教學形成的差異。

一、差異化教學的核心概念

1. 差異化教學的理念是「重視差異而不是形成差異」。
2. 差異如果來自教師的教學，就應該從教師教學縮短差異。
3. 在課堂教學改革的過程中，最為重要的是教師「學習如何教學」、學生「學習如何學習」的議題。

二、適性教學與差異化教學的概念

1. 適性教學與差異化教學的概念，源自於教學中重視學生個別差異的理念。
2. 教師在班級生活中，可以瞭解學生因為個別的生活經驗、家庭社經地位、社會文化經驗、父母教養態度等，而形成不同的個別差異現象，導致學習成就與學習成效的差異現象。
3. 適性教學活動的實施，是依據學習者在學習方面的需求、學習狀況、學習表現、學習性向，教師設計符合學習者學習的情境、有效的策略，以達到教學目標和精熟程度。
4. 適性教學是以學生為主軸、教學為輔助的教學法。教師提供比較多的活動，讓學生完成學習目標。
5. 差異化教學活動的實施，主要是依據學習者在學習方面產生的差異現象，教師設計符合學習者特質的學習情境，讓學習可以在因應差異情境下而達到最高的成效。

三、個別差異的教學意義與模式

　　個別差異的教學主要在於強調學習者在課堂學習中的差異，主要包括適性教學與差異化教學二個重要的教學模式。

1. 適性教學的意義

(1) 適性教學（adaptive teaching）的主要意義，是為了因應學生在學習方面的個別差異（例如不同的學習成就、學習才能、學習模式、學習經驗、學習風格等）。

(2) 適性教學的實施，在於教師的教學，從教學設計、教學實施到教學評量階段，都應該針對學生的個別差異，進行適當的教學活動。

(3) 在符合學生的學習需求之下，進行教學活動達到預期的教學目標。

2. 適性教學的模式

適性教學的模式，包括補救式教學方式與補償性教學方式。

(1) 補救性教學方式（the remediation approach），是教師透過教學方式，提供學生必須具備的先前概念或知識、技巧，透過教學活動學習應該具備的能力。

(2) 補償性教學方式（the compensatory approach），是當學生缺乏某些訊息、技巧或能力，教師選擇以避開或補償不足條件的方式來教學。

3. 差異化教學的意義

差異化教學（differentiated instruction）是一種針對同一班級之不同程度、學習需求、學習方式及學習興趣之學生，提供多元性學習輔導方案的教學模式。

4. 差異化教學的概念圖

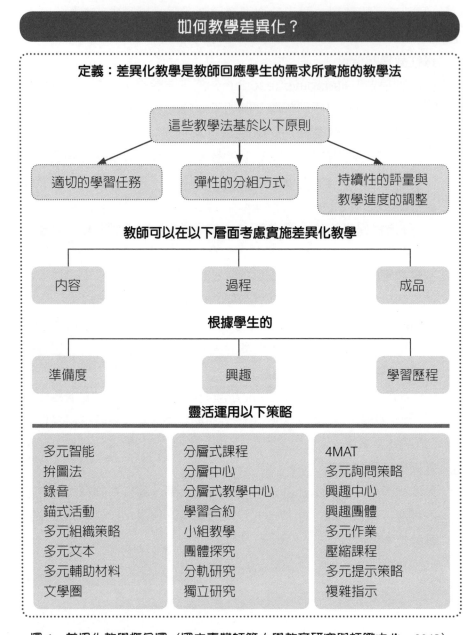

如何教學差異化？

定義：差異化教學是教師回應學生的需求所實施的教學法

這些教學法基於以下原則

適切的學習任務　　　彈性的分組方式　　　持續性的評量與教學進度的調整

教師可以在以下層面考慮實施差異化教學

內容　　　　　過程　　　　　成品

根據學生的

準備度　　　　興趣　　　　學習歷程

靈活運用以下策略

多元智能	分層式課程	4MAT
拚圖法	分層中心	多元詢問策略
錄音	分層式教學中心	興趣中心
錨式活動	學習合約	興趣團體
多元組織策略	小組教學	多元作業
多元文本	團體探究	壓縮課程
多元輔助材料	分軌研究	多元提示策略
文學圈	獨立研究	複雜指示

圖 6　差異化教學概念圖（國立臺灣師範大學教育研究與評鑑中心，2013）

四、教學高手經驗談

1. 好的教學要讓每一位學生都有收穫，讓每一位學生都能學習成功。
2. 如果教師的教學無法顧及每一位學生的需要，至少要讓學生學得開心、學得快樂。
3. 每一位學生的學習起點不一樣，教師要能掌握每一位學生不同的學習起點。
4. 教師想要知道學生的學習起點，就需要透過學習問題的應用。
5. 靈活運用各種教學與學習策略，才能收到差異化教學的效果。

心得欄

> **教學語錄**
>
> 教師的教學要能掌握每一個學生的需要，哪怕他們的學習成就差異很大。

一、差異化教學的基本理念

1. 依據學生的學習差異及需求。
2. 彈性調整教學內容、進度與評量方式。
3. 提升學習效果，引導學生適性發展。

二、差異化教學的方針

1. 教師應該依據學生的個別差異以及學習上的需求，所實施的教學活動。
2. 教師的教學要能積極掌握學生在學習方面的各種差異。
3. 依據學科屬性，做內容的調整。
4. 針對各種需求妥善調整教學內容、進度，並採取適切的教學方法，以達到預期的教學目標。
5. 差異化教學的實施，必須顧及各類型、各層級的學生需求。

三、學生的興趣、準備度、學習歷程

1. 在興趣方面，指的是學生對學習本身的偏好、喜歡的事物、善用的策略與方法、對特定主題的喜愛、覺得有關係有吸引力的事物等。
2. 在準備度方面，指的是學生學習的舊經驗、先前概念、學科基本技能與認知、對主題的基礎認知等。

3. 在學習歷程方面，指的是學生的學習風格、學習類型等。

四、因應個別差異的教學流程圖

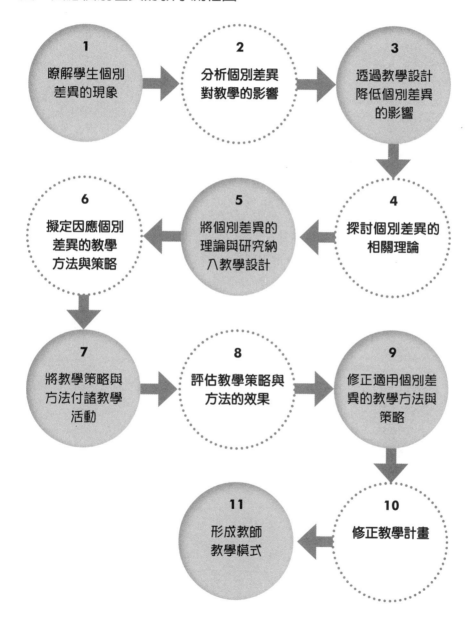

五、教學高手經驗談

1. 每一位教師都應該隨時修正自己的教學，以符合每一位學生的學習需要。

2. 個別差異的學習現象，一般都是教師教學形成的，因此要從教學中縮短個別差異的現象。

3. 當教師感到教學困惑時，就是需要修正教學的時刻到了。

4. 學生的興趣、準備度、學習歷程是教學效能的關鍵要素，教師需要從研究中形成教學的參考模式。

5. 每一位教師都應該熟悉因應個別差異的教學流程圖，透過教學流程的熟悉，縮短學生的個別差異。

心得欄

7-3 差異化教學的教師角色

一、基本理念

1. 差異化教學的實施，教師扮演的是設計與輔導者的角色。
2. 差異化教學的實施，教師所要扮演的角色，不是知識的傳遞者或儲存者。
3. 差異化教學的實施，教師是學習機會的組織者。

二、教師需要培養的基本能力概念圖

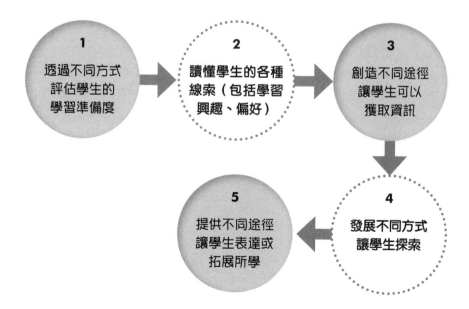

1. 透過不同方式評估學生的學習準備度
2. 讀懂學生的各種線索（包括學習興趣、偏好）
3. 創造不同途徑讓學生可以獲取資訊
4. 發展不同方式讓學生探索
5. 提供不同途徑讓學生表達或拓展所學

三、差異化教學實踐策略

表 9 與差異化教學相關的最佳教學實踐策略（張碧珠，2018）

最佳教學實踐：在這些條件之下，學習者之學習可以達到最佳效果：	差異化教學：我們必須留意學生的差異性，主要原因是……
1. 所學到的內容對個人而言深具意義。	1. 由於學生不同的背景與興趣，無法保證每個人都能對同樣事物感到具有意義。
2. 所學的內容具有挑戰性，而且他們接受這些條件。	2. 因為學生的學習步調不同，對某些學生來說，具有挑戰性的教學速度、教科書，或是學習任務，都有可能讓其他學生感到挫折或無聊。
3. 所學的內容與他們發展階段相對應。	3. 在每一個階段，總是有的學生可以具體性思考，有的偏向抽象性思考，有的學生喜歡與同伴合作思考，而有的則傾向獨自思考。
4. 他們能按自己的學習格學習，能自由選擇，能自主控制。	4. 學生的確不能選擇以相同方式來學習，也不會做同樣抉擇，更不可能在相同變數下，都還能感受到自己能夠自主控制。
5. 他們運用所知的內容來建構知識。	5. 因為學生不可能以同等能力理解同樣的學習內容，所以他們建構知識的方式會有所不同。
6. 他們有機會進行社交活動。	6. 學生會選擇所需的團隊合作方式，並選擇不同類型可以一起合作的夥伴。

表 9　與差異化教學相關的最佳教學實踐策略（張碧珠，2018）（續）

最佳教學實踐：在這些條件之下，學習者之學習可以達到最佳效果：	差異化教學：我們必須留意學生的差異性，主要原因是……
7. 他們得到有用的回饋。	7. 有助於某生的回饋，不一定對其他人一樣有用。
8. 他們習得並會運用策略。	8. 每位學生皆習得新的策略，並能運用在他們覺得有用的地方。
9. 他們體驗了正向的學習氣氛。	9. 課堂氣氛對有些學生而言是相當正面，然而對有些學生則顯然不是。
10. 環境能支持預設性的學習。	10. 學生需要不同的鷹架輔助來達成群體目標與個人目標。

四、教學高手經驗談

1. 教學要顧及每一位學生的需要，則教師就應該在教學設計時考慮學生的學習特性。

2. 當教師不知道要教什麼時，反問學生是最好的策略。

3. 學生的學習困惑會從表情中反應出來，教師可以從學生的學習反應中修正教學方法。

4. 當教學進行到一個階段之後，教師可以考慮和學生對換角色，讓學生來教教看。

5. 因為學生不可能以同等能力理解同樣的學習內容，所以他們建構知識的方式會有所不同。

> ## 教學語錄
>
> 教學設計應該以學習者特質為主，否則教學就會遠離學生的學習。

一、從基本能力學習到精進的學習流程圖

1 分析單元知識學生是否學習困難

2 分析新知識與舊經驗的聯結情形

3 新知識和舊經驗聯結的教學意義

4 將單元知識作細部的分析

5 從基本能力到精進學習分成幾個單元

6 實施教學活動

7 進行教學活動成效評估

二、從具體事務學習到抽象概念的學習流程圖

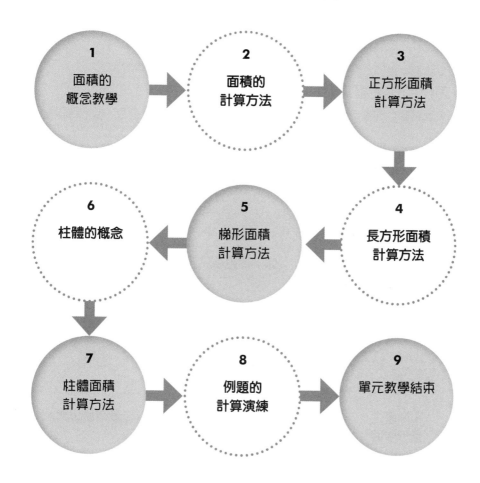

案例分析：柱體的表面積是幾平方公尺？

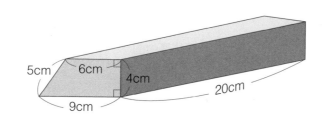

三、從簡單概念的學習到複雜概念的學習

1. 教師在教學設計時，將複雜概念的教學進行系統化的分析。
2. 細分成不同複雜程度的概念，再配合適當的教學方法。
3. 教師在進行差異化教學時，應該要先瞭解學生的學習特質。
4. 例如有些學生習慣看知識的整體，有些學生習慣看知識的部分。
5. 有些學生在學習時容易忽略細節，有些學生在學習時則容易忽略大方向。

四、從單一面向的學習到多面向的學習概念圖

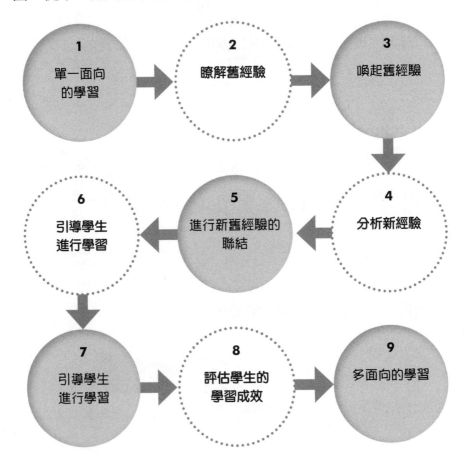

五、從教師引導式的學習到開放式的學習

1. 差異化教學的設計與實施，應該要設計教師引導的學習。

2. 設計由學生獨立學習的開放式學習活動。

3. 例如：小學生學習「圓規的使用」，剛開始需要教師引導示範，讓學生瞭解圓規的使用，進而瞭解圓規運用的數學原理。

4. 例如：學習汽車駕駛課程，一開始需要由教練講解汽車的基本構造，再而說明汽車駕駛的步驟和流程，進而示範汽車駕駛。

六、從獨立性低的學習到開放性高的學習

1. 學習過程中，有些學生的學習速度快，有些學生的學習速度慢。

2. 有些學生可以從複雜的地方學習，有些學生需要從簡單的地方學習。

3. 有些學生可以從抽象的概念學習，有些學生需要從具體的概念學習。

4. 教師在進行差異化教學設計時，需要針對學生的學習特性設計「獨立性低的學習」與「開放性高的學習」。

5. 獨立性低的學習，需要教師的指導，在教師的指導之下進行學習活動；開放性高的學習，需要教師指導的時間比較不多。

七、從思考性低的學習到思考性複雜的學習概念圖

1
分析單元
教學的特性

2
判定思考性
高或低的
學習

3
分析學生的
思考性高或
低的特質

4
分析單元學習
的需求

5
依據學習原理
原則進行教學
設計

6
讓學生選擇學
習思考性高或
低的活動

7
進行教學活動
及成效評估

八、從慢速的學習到快速的學習概念圖

1
分析單元學習
的教學目標

2
決定這些學習
需要多少時間

3
學習時間對
學生的意義

4
瞭解學生學習
的時間特性

5
分析學科單元
和學習時間

6
設計從慢速到
快速的學習

7
進行教學活動
及成效評估

九、教學高手經驗談

1. 教師的教學應該要顧及時間的意義，才能在有限的時間內收到預期的教學效果。

2. 差異化教學的重點，在於每一個學生的學習速度不一樣，學習效果也不一致。

3. 將教學活動需要的時間作分析，配合學生的學習速度快慢，才能達成教學目標。

4. 學生學習需要的時間不一樣，如同教師的教學時間也不一樣。

5. 教師的教學要瞭解「多少時間做多少事」的道理，再考慮什麼時間採用什麼方法。

心得欄

> ## 教學語錄
>
> 教師對學習風格的瞭解，和對單元知識的瞭解一樣重要。

一、依據學習風格設計的差異化教學概念圖

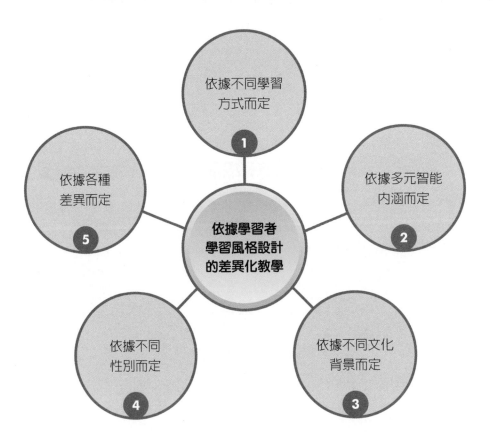

二、依據不同的學習方式而定

1. 有些學生適合在安靜的環境學習，有些學生則適合在吵雜的環境學習。

2. 有些學生適合在充滿各種色彩的事物下學習，有些學生則適合在單純簡潔的事物下學習。

3. 教師在差異化教學設計與實踐中，應該先考慮班級學生的學習方式，作為教學設計的參考。

4. 教師可以針對不同學習方式的學生，提供適合學生的學習情境，以激發個別學生在學習上的學習動機。

三、依據多元智能的內涵而定

1. 教師在進行差異化教學設計與實踐時，應該針對學生的多元智能發展情形，做適當的教學活動設計。

2. 教師的教學以引導學生運用不同的大腦區塊達到最好的學習成效，或是達到預定的精熟程度。

四、依據不同的文化背景而定的教學概念圖

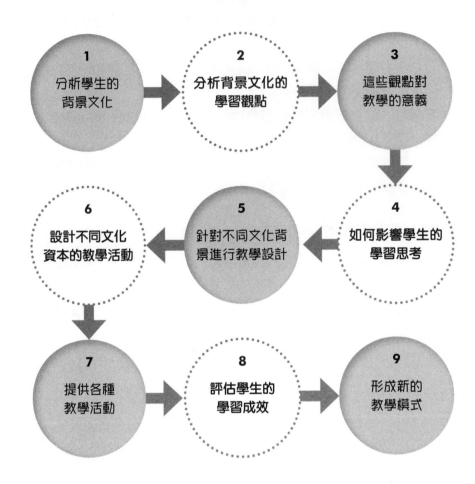

五、依據不同的性別而定

1. 不同性別差異的學生，在各學科領域上的學習，因為性別因素而出現不同的差異現象。
2. 例如：男生比女生較偏向喜歡競爭性的活動，女生則較偏向喜歡文靜式的活動。
3. 有部分的男生偏愛合作學習的開展，有部分的女生喜愛單獨完成學習工作。
4. 教師可以在適當的單元設計時，依據不同性別學生的學習需求，提供適合性別差異的學習活動。

六、依據各種的差異而定

1. 學生學習差異的形成因素，往往是由多種的因素交互作用而成。
2. 影響學生的學習成效，包括不同學習方式、多元智能發展、文化背景、不同性別等，或是二種以上的因素交互作用而成。
3. 教師應該針對學生的學習差異因素，有高度的敏感反應。
4. 教師應該將影響學生學習差異的因素，納入教學設計與實施當中，以降低學生學習的影響因素，提高學生的學習成效。

七、高手教師教學經驗談

1. 教師教學活動設計時，要注意各種差異對學習的影響，設計降低學習差異的教學計畫。
2. 教學關注性別差異，不在於拉大差異，而在於設法降低差異。
3. 讓不同性別的學生相互學習指導，是降低性別差異的方法之一。
4. 教師的教學設計應該針對學生的學習差異因素，有高度的敏感反應。
5. 很多的差異是先天環境，更多的學習差異來自教室中的教學。

一、依據學習者興趣設計的差異化教學概念圖

二、將興趣因素納入課程與教學設計中

1. 進行課程與教學設計時，將學生的學習興趣因素納入教學活動設計當中。
2. 讓學生的學習從感興趣的地方出發，再提供高效能的學習方法。
3. 讓學生採用適合自己的方法學習，從學習中可以成功，達到精熟的程度。
4. 以學生學習興趣作為教學設計基準，考慮學生各種現有興趣、潛在興趣等。

三、提供學生感興趣的主題教學並引導學習成功

1. 進行差異化教學設計時，先分析學生對哪些主題是感到高度興趣的。
2. 主題之間的關聯性如何在教學中進行聯結，教師可以提供哪些經驗。
3. 教師在進行教學活動規劃時，對於學生的這些感興趣主題，技巧性的融入教學活動設計中。

四、針對學生的學習興趣營造溫暖的學習環境

1. 學習環境的營造對於學生學習興趣激發，具有正面積極的意義。
2. 有時候學習環境對學生的學習，無法提高學生的學習興趣。
3. 教師在進行差異化教學設計時，應該針對主題單元的教學，設計讓學生感到溫暖和善的學習環境。
4. 教學環境應該可以提供學生安全、無失敗、零恐懼的學習環境，進而從學習歷程中，達到精熟的階段。

五、以更開放的態度接納學生的學習熱情

1. 教學活動的實施，想要讓學生感到興趣。

2. 學生的學習熱情，同樣是教學關鍵的因素。
3. 教師應該在教學歷程中，隨時透過各種策略的運用，維持學生的學習熱情。
4. 教師應該將舊的概念與新的概念教學，做有效聯結以維持學生的學習熱情。
5. 教師應該給予學生正面的鼓勵，讓學生可以持續維持在適當的學習熱情上。

六、運用興趣的差異化教學策略概念圖

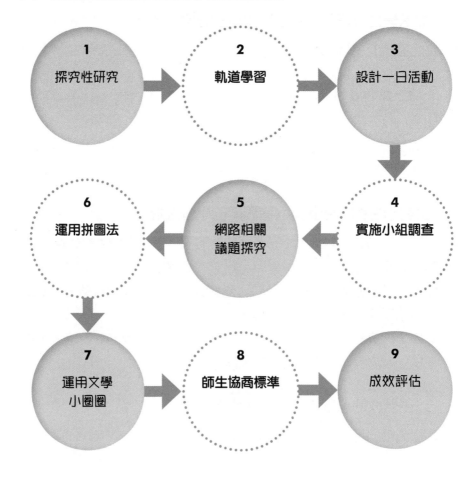

七、高手教師經驗談

1. 只要教學讓學生感到興趣，教師的教學已經成功一半以上。
2. 想要讓學生感到興趣，就要先瞭解學生為什麼不感興趣。
3. 學生關心的話題往往是教師不知道的領域，教師需要常常和學生進行教學對話。
4. 上課之前可以先問問學生，這個單元的教學目標範圍裡，學生對什麼感到興趣。
5. 先讓學生對教學感到興趣，再進行複雜概念的教學，效果會比較好。

心得欄

> **教學語錄**
>
> 學科學習的要領主要在於學習參與，學習參與的關鍵在於動機。

一、基本理念

1. 教學評量的實施是確保教學品質的重要關鍵。
2. 教學評量目標一：確定教師教學目標的達成情形。
3. 教學評量目標二：瞭解學生在學習方面的變化情形。
4. 教學評量目標三：作為是否補救教學的依據。

二、差異化教學的評量與設計概念圖

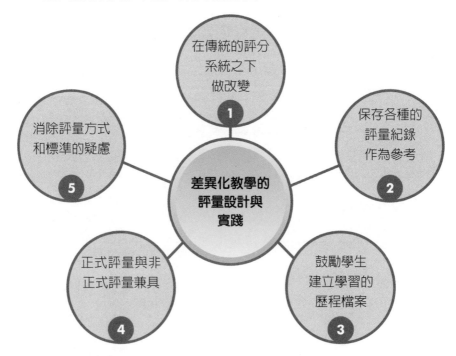

在傳統的評分系統之下做改變 ①

保存各種的評量紀錄作為參考 ②

差異化教學的評量設計與實踐

消除評量方式和標準的疑慮 ⑤

正式評量與非正式評量兼具 ④

鼓勵學生建立學習的歷程檔案 ③

三、在傳統的評分系統之下做改變

1. 傳統的教師習慣採用紙筆測驗的方式，呈現學生的學習成效。
2. 差異化教學的評量，保留傳統的評分系統之外，也採取新式的評量方式。
3. 教師應該利用機會向學生和家長說明評量的方式和標準。
4. 讓學生可以瞭解未來的教學評量是如何進行的？這些評量的用意在哪裡？評量有哪些標準？用哪些學習方法可以在評量中有高得分數？

四、保存各種的評量紀錄作為參考

1. 差異化教學實施之後，在傳統評量的系統之下，增加多元評量的方式。
2. 在差異化教學實施的時候，學生會參加各種不同的學習活動。
3. 教師指導學生將參加學習活動的歷程記錄下來，將這些紀錄和傳統的評量納入教學評量的系統當中。
4. 學生可以在學習過程中，擁有和傳統評量不一樣的學習經驗。

五、鼓勵學生建立學習的歷程檔案

1. 差異化教學的設計與實施，強調的是學生的學習參與。
2. 教師指導學生將自己的學習工作記錄下來。
3. 將學習歷程透過日期、形式、表現情形、教師的評語等，形成文字或圖像等記錄。
4. 學生可以依據自己的學習型態，選擇教學評量的標準和內容。

六、正式評量與非正式評量兼具

1. 差異化教學的設計與實施可以依據教學單元實際上的需要，選擇採用正式評量、非正式評量或二者兼具的方式。
2. 在正式評量方式，一般採用的是紙筆測驗。
3. 非正式評量採用的是學習歷程檔案評量、學生闖關評量、教室本位評量。

七、消除評量方式和標準的疑慮

1. 差異化教學的設計與實施，在評量方式容易讓家長和學生，對教學評量的標準和實施，產生各種的疑慮。
2. 教師在進行差異化教學設計與實踐時，一開始就說明教學的流程、步驟、實施，以及實施教學評量的標準與方式。
3. 透過教學講解的方式，讓家長和學生能消除來自新式評量方式和標準的疑慮，對教師教學活動設計與實施產生信心。

八、教學高手經驗談

1. 教師的教學，如果家長和學生產生疑慮，再怎麼精彩的教學都是徒勞無功。
2. 教師應該要隨時和相關人員溝通教學理念和作法，以免產生教學上的困擾。
3. 教學對教師而言是專業，對其他而言是密不可宣的事業。
4. 很多的教學疑慮是教師造成的，因此需要教師自行解困。
5. 教學設計和實踐，需要透過各種場合說明教學的流程、步驟、實施，以及實施教學評量的標準與方式。

個別化議題的教學

　　個別化教學的主要用意，在於教學活動中可
以迎合每一個學生的不同需要，讓每一位學生都
能在教學中學習成功。本章的內容探討個別化議
題的教學，包括相關的理念、文納特卡計畫、道
爾敦計畫、學校學習模式、凱勒學習模式、精熟
學習法、個別處方教學、適性教學模式等。

第 **8** 章

> **教學語錄**
>
> 課程與教學的關鍵在師資,師資的關鍵在教學,
> 教學的關鍵在方法。

一、個別化教學的理念圖

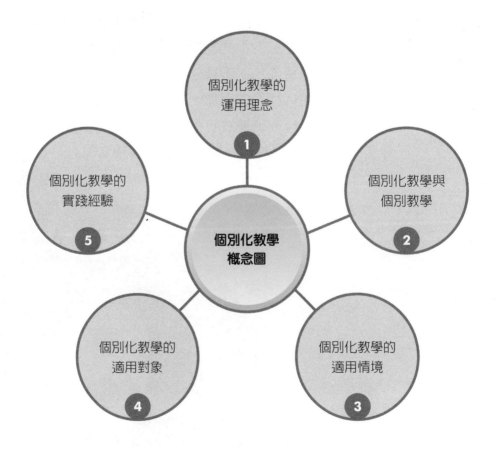

二、基本理念

1. 個別化教學法指的是在班級教學情境中，教師以適應學習者的個別差異和學習者的特性為考量，而採取的各種有效教學策略。
2. 個別化教學的採用，由教師針對學習者的需要、舊經驗、成就、特質、興趣等方面的差異，擬定最適合學習者的策略，讓學習者以適合學習的方式，強化學習效果。
3. 傳統的班級教學，教師採用相同的教學方法，而學生的學習成效產生差異，所以教師必須在教學方法的運用上，針對不同的學生做教學方面的改變。

三、個別化教學與個別教學

1. 個別化教學指的是教師在班級教學中，必須依據學生的起點行為、學習特質、學習成性等，採用適合學生學習的策略。
2. 個別教學指的是教師單獨對一個學生，指導學生進行學習的教學活動。

四、個別化教學的適用情境

1. 當教師在教學設計階段，瞭解學生的學習差異大。
2. 教師採用和一般教學方法有所不同時，可以考慮採用的教學方法。
3. 教師在班級教學活動中，教學方法和策略的採用，需要顧及每一位學生的需要。
4. 透過個別化教學理念的實施，提供每一位學生學習上的需要。

五、個別化教學的適用對象

1. 個別化教學方法的運用，主要用意在於針對學習者的學習特質和學習差異，而所設計的一種適性教學方法。

2. 當教師在進行教學設計時，首先需要瞭解學生在學習上的特質。

3. 個別化教學的適用對象，不僅適合一般的大班教學，也更適用於偏鄉地區的教學。

4. 透過個別化教學的實施，可以提供學生，適性的學習機會和提升學習效能。

六、個別化教學的實踐經驗

1. 個別化教學方法的實施，必須針對學生的學習狀況，作專業方面的分析。

2. 教師可以針對班級學生的特性，分析學生的學習狀況，再針對學習狀況，進行個別化教學的設計，進而實施個別化的教學。

3. 偏鄉地區的學校教師，在教學前應該針對學生的學習落差，瞭解學生學習落後的主要原因，針對這些學習不利的原因進行分析，考慮可以採用哪些個別化的教學法，進而實施個別化教學方法。

七、教學高手經驗談

1. 當學生學習成效不如預期時，教師應該要先檢討教學內容是否需要調整。

2. 如果學生的學習跟不上班級的平均數時，教師要考慮針對個別學生給予教學輔導。

3. 學習困難的學生比較需要的是補救式的輔導，教師可以考慮採用同儕學習輔導的方式。

4. 每一位學生的學習時間不同，跟不上學習進度的學生，往往是學習時數不足。

5. 教學活動的設計要針對學生的學習特性，例如有些學生學習落後，教師就需要在舊經驗上多次講解。

8-2 文納特卡計畫的教學理念與實踐

> ## 教學語錄
>
> 教學要讓學生可以得到快樂，可以從學習中發揮
> 自己的特性。

一、文納特卡計畫（Winnetka plan）的理念

1. 使兒童獲得必須的知識和技能，以適應生活上的需要。
2. 使兒童的生活快樂、自由而優美。
3. 充分發展兒童的個性和才能。
4. 發展兒童的社會意識，使兒童感到社會的利益就是人的利益，個人的利益是建立在社會利益之上的。

二、教學實施方式

1. 以個別化方式進行，將每一個學科分成許多次要單元，每一個單元都有具體目標。
2. 教學活動的進行由學生進行自我教學，並自我校正。
3. 重視學生的自我表達和社會性的團體及創造性活動的進行。

三、教學實施步驟流程圖

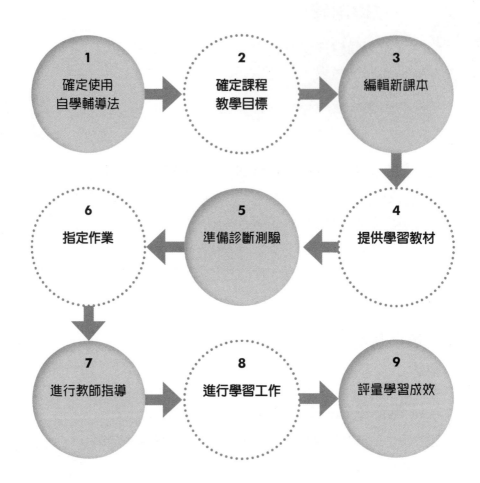

四、教師教學設計與實踐的意義

1. 學生要為自己的學習負責任。
2. 教師依據課程目標編輯教材。
3. 教師依據學生的學習編輯教材。
4. 指導學生自行學習並確保成效。
5. 自學活動與團體活動二者兼顧。

五、教學高手經驗談

1. 所有的教學活動都需要學生參與，運用自主學習是最好的教學策略。
2. 教師要讓學生學會為自己的學習負責任。
3. 很多的教學活動，要讓學生從「配角」變為「主角」。
4. 學習是學生的事，不是教師的事，因此教師要以學生為中心的教學設計。
5. 教師要讓學生獲得必須的知識和技能，以適應生活上的需要。

> **教學語錄**
>
> 讓學生依據自己的能力選擇學習活動，有助於提高學生的學習參與。

一、道爾敦計畫（Dalton plan）的理念

1. 道爾敦計畫的主要理念，在於採用自學輔導的方法。
2. 讓學生依據自己的能力而進行學習活動。
3. 教學可以適應個別差異，也能考量學生不同的需求。
4. 道爾敦計畫的主要內涵是依據自我練習、自我測驗和學習的個別學習原理加以修正而成。

二、道爾敦計畫的課程內容概念圖

學術性課程　①

1. 數學
2. 科學
3. 英文
4. 地理
5. 歷史
6. 外國語文

職業性課程　②

1. 各類職業科目
2. 社會性科目
3. 身體的活動

三、道爾敦計畫的實施流程圖

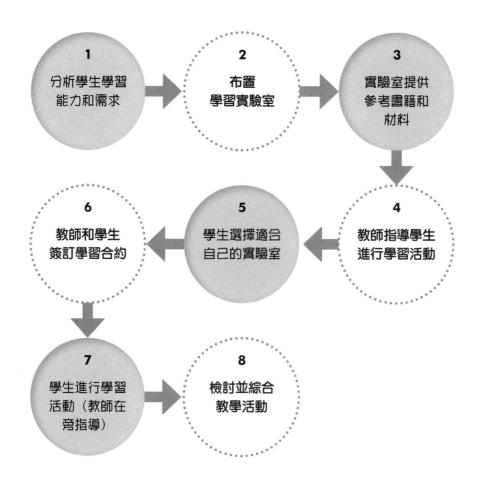

四、道爾敦計畫的教學特色

1. 強調學生自學的特色。
2. 重視個別學習的實施。
3. 打破傳統課表式教學。
4. 教師與學生訂定合約。

五、教學高手經驗談

1. 和學生簽訂學習方面的合約，對於學生學習的要求具有別樣的意義。
2. 讓學生自行依據能力選擇學習內容和方式，有助於提高學生的學習動機。
3. 教師的教學有時候應該要換一種不一樣的方式，讓學生有不一樣的學習視野。
4. 教學要能適應個別差異，也能考量學生不同的需求。
5. 教學實驗室的設置，需要教師依據學科領域教學的需要，以及學生學習需求。

學校學習模式的教學理念與實踐

> **教學語錄**
>
> 學習的程度決定個人學習的時間因素,即個人學習所需的時間,以及個人能獲致的時間和如何真正運用而定。

一、學校學習模式的理念

1. 學習成果的決定因素與個人的「性向」、「機會」和「如何教學」有關。
2. 教師在教學品質方面力求改進的話,使學生獲得充分的時間,並使學生能夠確實有效運用學習時間,則學習效果就會提高,大多數的學生也能在學習上獲得應有的成就。

二、學生性向因素對學習的影響

1. 傳統的性向理論

(1) 性向是一種可發揮的潛力,不同性向的學生必須給予不同的教育措施(treatment),才能得到最大的教學效果。

(2) Cronbach將教學歷程視之為性向與處理的交互作用,認為在某一方面性向較高的學生接受某種教學方法效果較佳時,教師應該設法讓學生接受此種比較適合發展的教學法。

2. 卡羅的性向理論

(1) 卡羅主張性向應該要定位於學習速率的指標,而不是學習成就方面的指標。

(2) 學習者在學習上所具備的性向,影響學習成效。

(3) 卡羅的學習性向理論,所有的學生都達到某種學習成就,只是

每個學生所需要的「時間量」不同。

(4) 每個學生在學習上所需要的時間量不同，但只要教學者提供學生適當的學習時間量，學習者仍能達到預定的目標。

三、學校學習模式的內涵與應用

1. 學校學習模式的內涵

$$學習的程度 = f \frac{學習者真正使用在學習的時間（time spent）}{學習者應該要使用在學習的時間（time needed）}$$

$$學習的程度 = f \frac{①學習的機會＋②毅力（願意去學的時間）}{③學習的速度（性向）＋④教學的品質＋⑤教學的瞭解能力}$$

2. 學校學習模式的內容概念圖

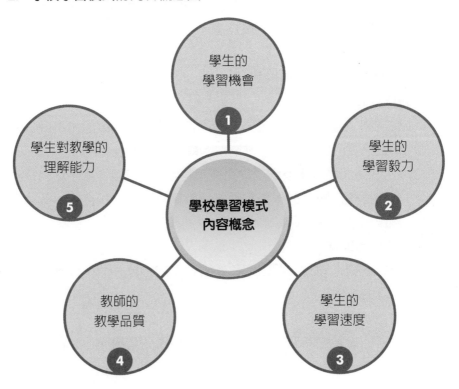

四、教師教學設計與實踐的意義

1. 教學應該提供學生適當的學習機會。
2. 教學應該要讓學生願意學習的意願。
3. 教學設計應從學生的學習性向為重。
4. 教學實踐以對教學理解能力為重點。
5. 教學實施以學生的學習性向為焦點。

五、教學高手經驗談

1. 想要提升教學效能，就要考慮「性向」、「機會」和「如何教學」因素。
2. 教學前瞭解學生的學習性向，才能進行適切的教學設計。
3. 教學活動的實施，應該要以學生的學習性向為主。
4. 不同性向的學生，應該給予適當的教學策略與活動。
5. 教學活動要讓學生獲得充分的時間，並使學生能夠確實有效的運用學習時間。

心得欄

> **教學語錄**
>
> 教學活動設計與實踐是學生自行決定的過程,也是師生協商的過程。

一、凱勒的個別化教學系統（Keller's Personalized System of Instruction, PSI）理念

1. 凱勒的教學系統是受到行為主義心理學增強理論和編序教學理論的影響。

2. 將教學歷程視為學習者自行決定的過程。

3. 凱勒式教學法強調學習者在學習過程中的主導權和自主權。

4. 學習者在面對學習時間時,可以依據自身的學習條件,選擇受教的機會和時間,同時決定接受評量的時刻。

二、凱勒教學的流程圖

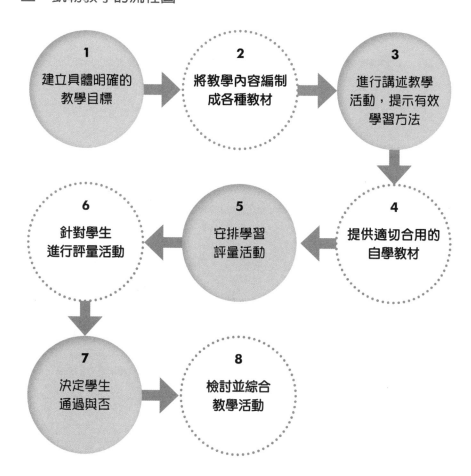

三、凱勒系統教學流程圖

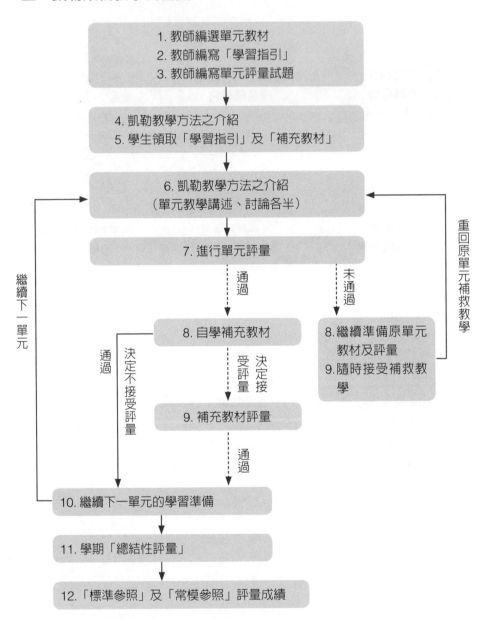

圖7　修訂凱勒式個別化系統教學流程圖（林寶山，1997）

四、教師教學設計與實踐的意義

1. 依據學生的特質訂定學習標準。
2. 學生自行決定學習速度與進度。
3. 學生自我控速理念與實際作法。
4. 教師將學習目標轉化教學評量。
5. 設立教學助理並隨時監控學習。

五、教學高手經驗談

1. 教師可以依據學生的學習情形，事先擬定學習內容和學習標準，讓學生自己決定學習的時間，以及接受評量的時間。
2. 學生自行定學習速度與進度，可以學習和自己比較、學習自己做決定、學習自己為學習負責。
3. 讓學生可以在學習中自我控速，依據自己的學習進度，決定需要學習的單元，並且決定接受評量的時間。
4. 教師應該將困難的學科知識轉化成為具體的學習目標，提供學生「漸進式」的學習。
5. 教學助理的設置，可以隨時監控學習的進行，協助教師教學活動的進行。

精熟學習法的理念與實踐

教學語錄

教學活動的實施要讓每一個學生都能有學習成功的機會。

一、精熟學習法（mastery learning）的理念

1. 精熟學習的理念指出，如果性向的確可以測出學生所需的時間，即有可能設定出每個學生預期能達到的精熟水準。
2. 在教學時針對教學相關變項、學生的學習機會及教學品質加以控制，幾乎所有的學生都可以達到既定的精熟程度。
3. 教師只要調整教學方式，提供學生適當的教學品質與學習機會，大部分的學生都可以達到精熟的程度。

二、精熟學習法的實施步驟

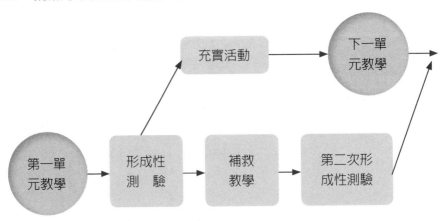

圖 8　精熟學習法的教學過程（黃光雄，1988：133）

三、精熟學習法的計畫步驟圖

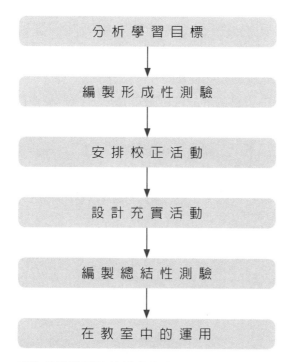

分析學習目標

↓

編製形成性測驗

↓

安排校正活動

↓

設計充實活動

↓

編製總結性測驗

↓

在教室中的運用

圖 9　實施精熟學習法的計畫步驟（林進材，2013：266）

四、教師教學設計與實踐的意義

1. 教學設計應該以學生的學習狀況為主。
2. 透過形成性評量與增強策略改進教學。
3. 以校正與充實活動修正學生學習狀況。
4. 透過精熟學習方法確保學生學習標準。
5. 以簡化學習內容方式降低學習的挫折。

五、教學高手經驗談

1. 教師的教學應該以簡化學習內容的作法，降低學生在學科知識方面的學習困難程度，使每一位學生都可以達到精熟學習的目標。

2. 教師可以透過各種教學策略與診斷工具，確保學生的學習標準，以及在學習中達到的精熟程度。

3. 教師在教學中，透過形成性評量的方式，瞭解學生的學習狀況，是否達到精熟或是有落後的現象。

4. 透過形成性評量的測驗，可以瞭解學生的學習進步情形，或是學習落後情形。

5. 教師的教學設計，應該以學生的真實學習狀況為主。

心得欄

8-7 個別處方教學的理念與實踐

一、個別處方教學（Individually prescribed instruction, IPI）的理念

1. 學生的學習方法與方式有很大的個別差異。

2. 學生在學習起點行為方面，本身的能力影響學習成效。

3. 教師在教學時，應該設計一個適合學生學習的環境，將學生在各方面的差異降到最低。

4. 在教學設計與實踐時，隨時診斷學生的學習狀況，作為調整教學的參考。

二、個別處方教學設計的基本原則概念圖

三、個別處方教學系統圖

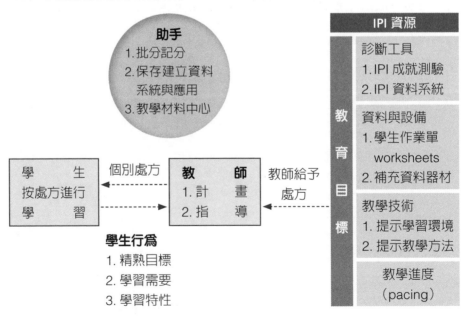

圖 10　個別處方教學系統（林生傳，1990：130）

四、個別處方教學流程圖

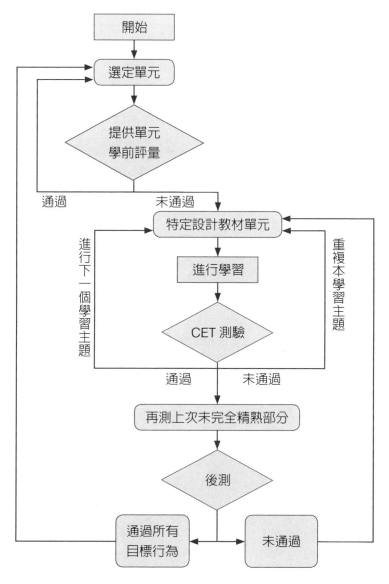

圖 11　個別處方教學流程（林生傳，1990：133）

五、教學高手經驗談

1. 教師應該針對學生的學習需求、學習上的需要，規劃設計適合學生學習的環境。

2. 教師應該針對個別學生的差異，設計各種（或多種）的處方教學，以方便在教學活動進行時使用。

3. 學習備選方案的規劃設計，可以在教學活動進行遇到困難時，作為教師教學選擇之用。

4. 教師要讓學生在學習過程中，可以擁有多種的選擇機會。

5. 教師可以透過補救教學的實施，提供學生「再學習」的機會，以達到預期的精熟程度。

心得欄

8-8 適性教學模式的理念與實踐

一、適性教學模式的理念

1. 教師本身提供比較少的教學活動。
2. 教材本身提供比較多的活動。
3. 教師在教學歷程中的時間比較自由，因而有更多的機會進行個別指導。
4. 教師要給學生更多的機會選擇和決定自己的學習內容，要學些什麼、如何學、用什麼教材學習等。
5. 學生可以依據自己的進度學習，取代所有學生以同一進度協。

二、適性教學的類型

　　適性教學的發展主要是以學習者為中心，讓學習者在教學歷程中，可以依據自己的需求，完成學習的目標。適性教學的類型，包括三種基本的形式，即選擇（selection）、充實（enrichment）、加速（acceleration）。

三、適性教學的模式

　　適性教學的模式，包括個別化引導教育、精熟學習方案、適性教育計畫等。

四、適性教育的計畫概念圖

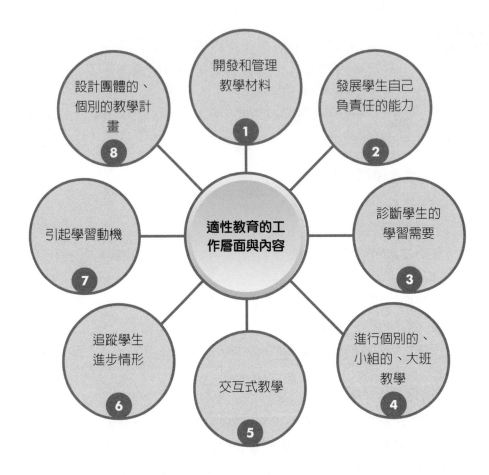

五、適性教學的實施歷程圖

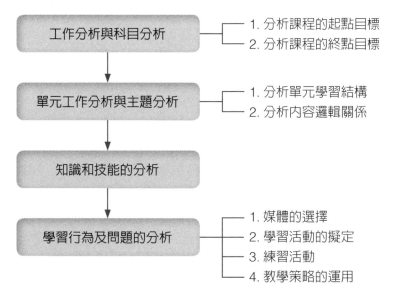

圖 12　適性教學的實施過程（林進材，2013：282）

六、教學高手經驗談

1. 教師在教學設計與實踐時，應該要以學習者的性向，作為規劃設計的依據。

2. 教學要讓學生可以在學習活動中，以自己最有利的學習方式，得到學習上的成功。

3. 適性教學法的實施，必須考量學習者的特性和需要，和其他的教學法相互配合。

4. 適性教學策略的規劃，需要配合學生的學習性向、學習需求、學習成效等，規劃適當的教學方法。

5. 教學活動讓學生可以「從簡單的地方學習」、「從會的地方學習」、「從熟悉的地方學習」。

新興的教學議題

　　近年的新興教學議題發展，其實是奠定在傳統的教學法之上，將各種新的教學元素容入教學活動當中，教師應該隨時檢視自己的教學，將教學元素納新吐故，形成具有專業特色的教學模式。

第 **9** 章

> ## 教學語錄
>
> 新興教學議題的出現與改變，對於教師來說，是一種來自專業的挑戰，同時也是對傳統教學的更新。

一、傳統教學與新興教學的差異

1. 教師在接受師資培育階段，所學到的教學理論與方法，多半是當時擔任培育教授認為比較重要的教學方法。
2. 師資培育教科書中提出來的教學方法，與教育現場有差距。
3. 教師進入教學現場，握在手中的教學知識，已經無法回應教學現場的需要。
4. 傳統教學與新興教學的差異不大，很多的新興教學本身，其實就是傳統教學的「進階版」。
5. 教師應該針對傳統教學可能產生的限制，做教學步驟方面的微調。

二、新興教學對教師專業的挑戰

1. 新興教學議題的興起，對教師的專業來說，是一種質疑，也是一種挑戰。
2. 當一位傳統的教師，在學校教室中悶著頭努力的進行教學時，他們渾然不知道外面的世界，和他們想像的已經不一樣了。
3. 家長對學校教育發展的關注，對教室教學活動的實施產生興趣時，接下來就是質疑教師的教學方法，讓教師對自己的專業受到質疑、受到挑戰。

三、新興教學對教師教學的影響

1. 當教師在面對新興教學的興起時，容易懷疑自己的專業能力。
2. 當新興教學議題興起時，第一線教師所應該做的，就是先思考哪些教學方法需要調整。
3. 在學生的學習方面，教師應該做的，就是針對學生學習困難的地方，提供有效的解決策略。

四、新興教學對學生學習的影響

1. 新興教學議題的興起，意味著學生的學習活動，也應該隨著改變。
2. 有關學生學習活動的改變，包括二個重要的層面，一為教師教學活動的改變，一為學生學習活動的改變。
3. 教師教學活動的改變，指的是教師在教學活動設計與實踐時，應該針對學生的學習情形，融入教學設計當中。
4. 學生學習活動的改變，指的是學生在學習策略與方法的應用，必須跟著教師的教學活動而調整。

心得欄

五、教師如何面對新興教學議題的理念圖

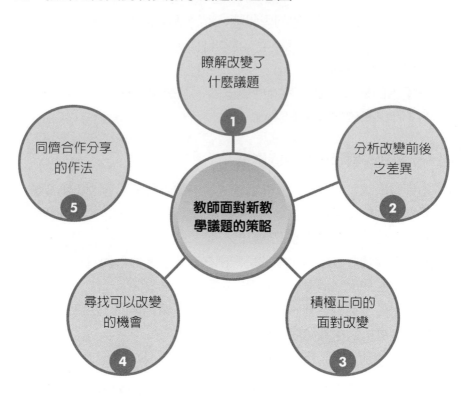

六、教學高手經驗談

1. 同儕教師在教學上的支持與分享，是教學改革成功的主要關鍵因素。

2. 在日常班級教學中，尋找自己可以改變的機會。

3. 教師應該更新自己的教學理念，讓自己的教學活動更具有亮點，讓自己的教學成功、學生學習輕鬆。

4. 教師在面對新興教學議題時，應該先瞭解這些改變前後的差異有哪些。

5. 教師宜針對各種新興的教學議題和主張，和自己的教學活動進行比對並修正教學模式。

佐藤學學習共同體的運用與實施

> **教學語錄**
>
> 學習共同體的理念，源自於在教學歷程中，將學習者需要承擔的責任和任務，彼此相互承擔、相互協助之基礎上。

一、學習共同體的理念

1. 學習共同體的理念，認為教育的目的不是彼此相互競爭，而競爭的教育應該轉型成為共生教育。
2. 過去追求量（分數）的教育，應轉變為重視質（思考）的教育。
3. 「學習共同體」的教育目標，是透過引導的教育方式，讓孩子培養「思考」與「如何學習」的能力（余肇傑，2014）。
4. 重視學生的個別成就，透過交流、分享、協商、對話等方式，讓每一位學生都可以從學習中獲益。

二、學習共同體的定義

1. 學校是教師彼此交流、成長的場所。
2. 家長和社區居民則透過參與孩子的學習，成為「學習共同體」的一分子。
3. 學習共同體包括的對象應有：學生、教師、家長與社區人士或資源等。
4. 學習共同體的主要用意，在於說明學校教育應該視為整體的概念。
5. 教師的課程與教學實施，從規劃設計、實際實施到成效評鑑等，都應該將學習視為整體。

三、學習共同體的教學實施流程圖

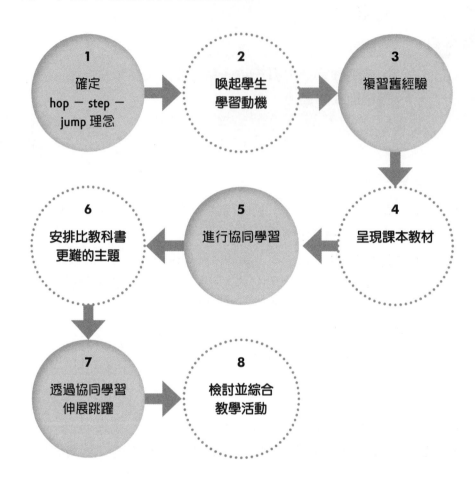

四、教學實施上的改變概念圖

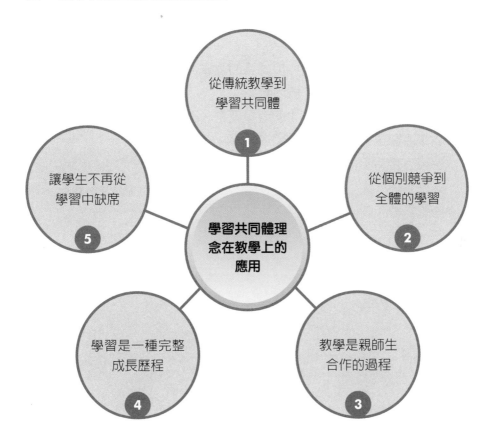

五、教學高手經驗談

1. 讓學生對於學習不再產生恐懼，讓學生願意在學習中產生挫折時，仍然願意參與學習活動。

2. 讓學生瞭解學習在生命中所扮演的重要角色，自己在成長中如何調整自己，配合學校的教育活動。

3. 將家長、學生、社區人士的教學理念，融入實際的教學活動中，使教學活動更為完整。

4. 學習改變將不再是一種孤單的活動，而是群體協作的活動。

5. 讓學生隨時關注教學活動的進行，瞭解哪些是自己的學習責任，哪些是需要和同儕合作的部分。

心得欄

學思達教學的運用與實施

教學語錄

教學的主要關鍵在於「讀、寫、聽、說、想、講、看」關鍵方法的運用。

一、學思達教學的意義

1. 學思達教學是臺北市中山女高張輝誠老師提出來的教學理念。

2. 學思達教學法,是一套完全針對學生學習所設計的教學法,真正訓練學生自「學」、閱讀、「思」考、討論、分析、歸納、表「達」、寫作等等能力。

3. 透過製作全新的以「問題為導向」的講義,透過小組之間「既合作又競爭」的新學習模式(張輝誠,2016)。

二、學思達教學的實施流程圖

1 選擇學習素材
2 編製學生學習材料
3 設計各式各樣的問題
4 編製閱讀資料
5 以課程知識為重點編製材料
6 將課本知識與現實聯結
7 結束教學活動

三、教師教學上的應用

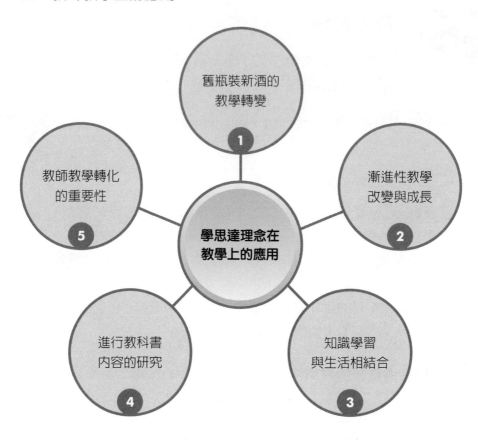

四、教學高手經驗談

1. 教師教學轉化的主要意義，在於教師如何將教科書內容，用學生可以理解的方式教給學生。
2. 教師想要使教學活動順暢的進行，應該在教學歷程中，將教學研究的精神融入教學中。
3. 教師教學設計與實踐過程，應該將重點放在知識學習和生活的互相連結上面。
4. 教師的教學改變應該採用漸進的方式，切忌過於躁進而對教學產生負面的影響，或是影響教師的教學專業能力。
5. 在教學設計時，以學生的學習為出發點，先瞭解學生已經學會哪些，再從「已經學會」到「未來要學會」做專業上的轉變。

心得欄

9-4　MAPS 教學的運用與實施

> ## 教學語錄
>
> 教學要讓學生改變以往的教學「常客情形」，而投入教學活動當中，成為「教學主人」。

一、MAPS 教學法的意義與內涵

1. MAPS教學法為南投縣爽文國中王政忠主任所提出。
2. 教學核心元素融合心智繪圖（mind mapping）、提問策略（asking questions）、口說發表（presentation）以及同儕鷹架（scaffolding instruction）四種教學策略。
3. 教學過程以學生為中心，將學習主權回歸學生。
4. 採取分組共學模式，融入合作學習的概念，目的在於改變學生學習態度，懂得專注聆聽、彼此尊重、小組合作以及分享榮譽。

二、MAPS 的教學流程圖

MAPS 4 processes

P1	P2	P3	P4
前測暖身	前測暖身	前測暖身	前測暖身
小組共讀	小組共讀	小組共讀	自學課文
基礎提問	基礎提問	基礎提問	基礎提問
心智繪圖	心智繪圖	自學共學	心智繪圖
口說發表	口說發表	口說發表	口說發表
挑戰提問	挑戰提問	挑戰提問	挑戰提問
自學作業	自學作業	自學作業	自學作業
PISA 後測	PISA 後測	PISA 後測	PISA 後測
總結後測	總結後測	總結後測	總結後測

圖 13　MAPS 教學法之四個進程與九個教學步驟
資料來源：王政忠（2016：116）

三、教師教學上的應用

五個圓圈分別標示：
- 1 教師應該隨時檢視自己的教學
- 2 改變教學從策略調整做起
- 3 建立屬於自己教學特色的模式
- 4 進行本土化教學研究與模式
- 5 教學設計與實踐需要新思維
- 中心：MAPS 在教師教學上的應用

四、教學高手經驗談

1. 教師應該體會再好的教學方法，使用久了也應該換換策略，再好的教學理念也應該隨時修正。
2. 教師需要進行教學的「微整形」，從原本的教學設計與實踐，進行教學微調的工作。
3. 教師應該針對教學情境、學生個別差異，進而建立屬於自己特色的教學模式。
4. 教師可以在平時班級教學中，慢慢將研究方法導入教學中，透過方法論的理解與運用，作為改進教學的參考。
5. 教師教學設計與實踐，除了強調傳統的教學方法外，也應該加入新的思維。

心智圖教學的運用與實施

一、心智圖教學的意義

1. 心智圖主要是利用顏色、文字、符號、數字、線條、圖畫、關鍵字等方式，將所學的概念以視覺化思考方式呈現。

2. 心智圖乃將大腦中所吸收的訊息加以組織、內化，運用視覺圖像呈現讀者反芻文本後的訊息架構。

3. 心智繪圖是運用「I see」的設計，用意在於統整文本的主題以及解構其脈絡。

4. 教學過程中，確認所有學生能夠完整理解文本內容，共學時，小組將心智圖繪製於海報上。

二、心智圖的繪製

1. 心智圖的繪製方式為學習者將文本的中心思想置於畫紙中間。

2. 激盪左右腦力，產生訊息聯想，做放射性概念延伸。

3. 按閱讀理解認知，將訊息分層，以圓心向外做放射圖、魚骨圖、樹狀圖等多元形式呈現。

4. 心智圖為圖像式的思考工具，提供學習者一個有力的系統。

5. 利用視覺的圖像刺激，統整歸納出邏輯性的思維，增進閱讀理解與長期記憶的能力。

三、心智圖繪製的實施原則概念圖

基本原則 **1**

1. 清楚表達出中心主題
2. 善用圖像顏色或符號
3. 具個人獨特性

整體結構 **2**

1. 主題位於中央
2. 主枝幹大於次枝幹（由粗到細）
3. 分枝三到七個
4. 線條長度和關鍵字、圖像等長

文字與顏色運用 **3**

1. 適當關鍵字使用
2. 關鍵字單位 0~5 字內
3. 一枝幹一關鍵字
4. 至少使用三種顏色
5. 顏色區分不同分枝

四、心智圖的實際例子

實例一：心智圖：以語言學習為例

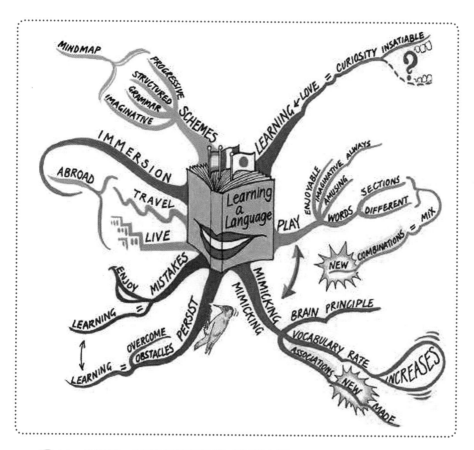

圖 14　心智圖：以語言學習為例（資料來源：Tony Buzan, 2006:195）

實例二：以「人的問題」為中心的心智圖

吉約姆的問題

對小提琴產生的自我混淆
有時想要捧爛它，有時卻想抱著它睡

1. 透過讓他訴說、回憶的過程，來澄清對小提琴的想法
2. 面對過於負面的情緒表達，無須制止、建議、說教，以提供他宣洩的出口
3. 給予正面的鼓勵，避免過於苛刻的評論

維持圓滿家庭的渴望
若舉發父親家暴進牢，內心產生愧疚

1. 聯絡繼母瞭解其家庭概況，並鼓勵與其父雙向溝通
2. 轉介社福單位請求專業的協助
3. 分享其他案例，讓他明白自己不是孤身一人

挑釁他人的舉動
事後內心自責自己讓他人傷心

1. 引導他思考行為後的結果
2. 可藉由閱讀來轉介其注意力
3. 鼓勵向他人道歉並說出內心想法

喜歡閱讀課外書
但在學業表現上卻呈現低落

1. 從課外讀物中找尋素材，作為教學依據
2. 引用課外讀物內容，慢慢將其重心轉至課業上
3. 找出無法專注的原因，以協助改善其行為

母親過世的自責感
覺得母親是為了救他才從懸崖摔落

1. 深入瞭解事實真相，不只是吉約姆單方的說法
2. 協助他正視事件的發生，分享自己的情緒
3. 瞭解他事發後在家的表現情形、家長的擔心和疑慮

父親對他的期望甚高
吉約姆認為做錯事該被體罰

1. 婉轉告訴他忍受父親體罰是不合理的
2. 在發現被打傷疤之時，應立即通報社福單位
3. 避免過度偏激詞語，誘導他說出事實經過

五、心智圖教學的評量準則概念圖

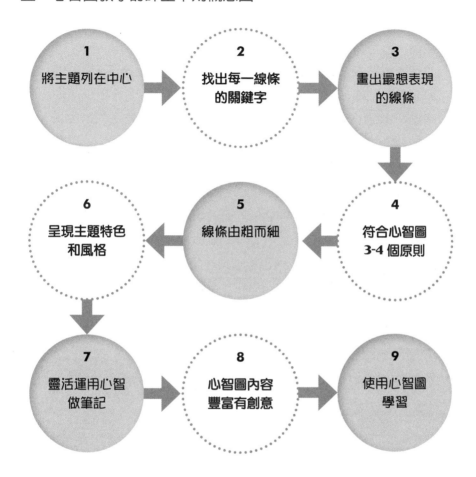

六、教學高手經驗談

1. 教師教學設計與實踐，如果想要改變的話，需要從教學中的細微處開始，避免進行教學上的大幅度改變。
2. 心智圖的教學策略，需要教師花一點時間，將學科單元的知識進行分類彙整工作。
3. 教師可以選擇適合的單元教學，將心智圖的概念融入教學設計當中。
4. 教師在運用心智圖教學準備時，可以和學生一起將學科單元知識，繪製成心智圖，作為教學與學習之用。
5. 教師在教學設計與實踐當中，教學方面的研究，有助於提升教師的教學專業能力。

心得欄

翻轉教學的運用與實施

一、翻轉教學的意涵

1. 翻轉教學是近年來在進行中的新型教學模式，是一種對於知識學習的翻轉方式（黃盈瑜，2018）。

2. 翻轉教學的概念，是源自於1990年代哈佛大學Eric Mazur教授基於互動式的教學方法，要求學生在上課之前採取預習的動作，透過網路學習反應碰到的問題。

3. 翻轉教學的產出，讓每一堂課都是由教師去自導自演，從教師的角度來設計詮釋整個教學活動。

二、翻轉教學與傳統教學的差異

表 10　翻轉教學與傳統教學的差異

方法內涵	傳統教學	翻轉教學
教學主角	教師	教師與學生
知識的教導	偏重知識的記憶與理解	偏重知識的應用與分析
認知層次	偏重低層次認知教學活動	偏重高層次認知教學活動
知識結構	偏重知識認知結構	偏重知識理解結構
學習權力	由教師主導	由學生主導
學習動機	比較忽略學習動機	重視學習動機
學習參與	比較忽略學習參與	重視學習參與

三、翻轉教學的實施策略

1. 同儕互助教學

透過學生在課堂中與作業上的相互指導討論與合作，有助於提升學生的學習成效，降低來自學習方面的挫折與壓力（黃盈瑜，2018）。

2. 作業本位模式

由教師針對課程目標，設計需要達到標準的作業，讓每一位學生在上課前，先有問題思考和寫作，以利在上課時可以隨時針對學習議題進行回應。

3. 反轉課堂

教師必須在教學活動實施中，隨時針對學生的學習而改變或採用不同的教學方法。

四、翻轉教室可能遭遇的問題

1. 翻轉教學加重教師的教學負擔，需要更多的專業支持。
2. 翻轉教學降低教師教學活動中的言教、身教、境教等影響力。
3. 翻轉教學增加教師備課時間和負擔。
4. 翻轉教學考驗教師的資訊素養與教學風格。
5. 翻轉教學取決於學生是否自律、自動學習，對自己學習負責任。
6. 翻轉教學的教材設計取決於教師專業能力。

五、教學高手經驗談

1. 教師如果將自己的教學優勢放棄，盲目地改變自己的教學模式，則容易帶來不好的教學後遺症。
2. 透過教學翻轉的方式，改變教師的教學方式，有助於提供學生學習的新氣象。
3. 翻轉教學的實施，強調的是教學主導權，應該由「教師主導」轉而為「學生主導」。
4. 教師在運用翻轉教學前，需要先瞭解自己的教學模式優缺點，是否需要大幅度的改變。
5. 翻轉教學和傳統教學的差異，是教師教學理念與教學模式的運用問題。

> **教學語錄**
>
> 教師的教學，不僅要回應整體社會發展的需要，同時還要回應種族、語言、文化、階級、地位等在教與學方面的實際需要。

一、文化回應教學的意義

1. 文化回應教學的概念源自於Wlodkowski與Ginsberg的主要概念。
2. 文化回應教學回應了文化多元論的挑戰，它尊重了差異，提升所有學生的學習動機。
3. 文化回應教學強調教師在班級教學中，應該針對學生的文化特性、生活經驗、社區生活背景，引導學生瞭解自我，接納各個不同的族群文化。
4. 教師在面對複雜多變的教學環境，採用適合學生學習的教學方法，是文化回應教學強調的重點。

二、文化回應教學與教師中心教學概念

表 11　文化回應教學與教師中心教學方式之區別（劉美惠，2001）

比較層面	文化回應教學	教師中心教學
知識來源	1. 複雜 2. 統整 3. 雙向（師生共同建構） 4. 知識具可批判性	1. 單向 2. 獨立 3. 單向（教師、教科書傳遞給學習者） 4. 知識具權威性
學習環境	1. 師生關係平等 2. 合作學習 3. 開放、尊重 4. 師生關係階層式	1. 師生共同掌控 2. 競爭 3. 保守 4. 教師主導
預期學習成果	1. 可預期與不可預期的學習結果 2. 高層次思考 3. 真實性學習	1. 特定的學習結果 2. 聚斂性思考 3. 能力導向的學習

三、文化回應教學的面向

在文化回應教學的面向方面，包括建立包容、發展態度、提升意義、培養能力等四個層面，參見表12。

表 12 文化回應教學的面向（劉美惠，2001）

層　面	規　準	條　　件	方　　法
建立包容	1. 尊重 2. 相互依賴	1. 強調課程與學習者經驗的連結 2. 教師不是知識的權威 3. 強調合作 4. 肯定學生改變的能力 5. 公平而無歧視地對待每一位學生	1. 合作學習 2. 寫作團體 3. 分享
發展態度	1. 相關 2. 自我決定	1. 教學與學習的經驗及先備知識連結 2. 鼓勵學生依據自己的經驗、假期及需要做決定	1. 問題解決教學 2. 多元智能教學 3. 學習型態 4. 做決定
提升意義	1. 參與 2. 挑戰	1. 鼓勵學生挑戰高層次思考與分析議題的學習機會 2. 學習者的經驗及語言應該被重視	1. 角色扮演 2. 真實性學習 3. 個案探討
培養能力	1. 真實性 2. 效能	1. 評量過程與學習者的世界參照與假期連結 2. 重視多元評量 3. 強調自我評量	1. 回饋 2. 真實性評量 3. 自我評量

四、文化回應教學的應用概念圖

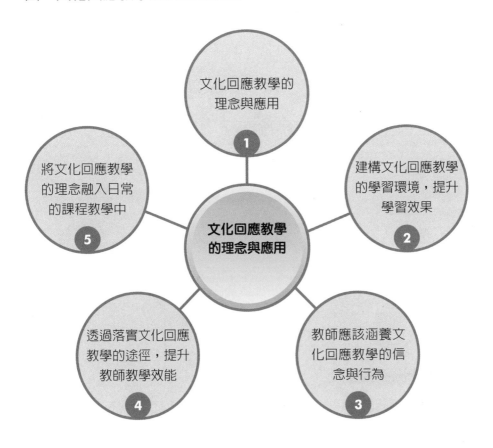

五、文化回應教學的策略概念圖

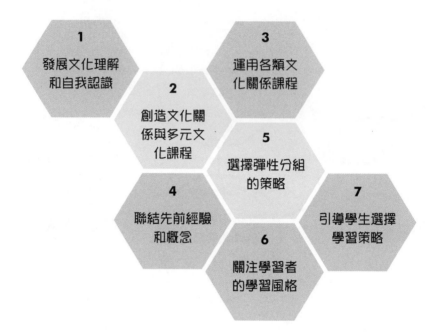

1 發展文化理解和自我認識	**3** 運用各類文化關係課程
2 創造文化關係與多元文化課程	**5** 選擇彈性分組的策略
4 聯結先前經驗和概念	**7** 引導學生選擇學習策略
6 關注學習者的學習風格	

六、教學高手經驗談

1. 在教學策略的運用上，應該根基在文化回應的教學理念上。
2. 建構文化回應教學的學習環境，提供學生適合的學習環境，有助於達成文化回應教學的理想。
3. 文化回應教學的重點，在於強調教師本身是文化知識敏銳的觀察者，瞭解文化脈絡對教學與學習品質的影響。
4. 教師在教學可以透過文化回應教學行為的加強，反省自身的教學行為與信念。
5. 教師在教學中透過課程與教學的設計，將文化回應教學的理念融入活動中。

班級經營與教學效能 ▼

教室中的教學是教師發揮專業能力的場所，
班級經營做得不好，就容易影響教師的教學活
動，好的教學設計與實踐，就不會有班級經營上
的問題，二者之間是相互影響的。本章內容說明
班級經營與教學效能的關係，內容包括教師的教
室研究、教師的教科書研究、學科學習方法、優
質的班級經營、提升教學效能的途徑等。

第**10**章

教室裡的教學研究

教學語錄

教師透過教學研究可以瞭解教學的優缺點，作為改進教室教學的依據。

一、教室裡的教學研究意義

1. 教室裡的教學研究，指的是「以教師為中心」的研究。
2. 教室裡的教學研究，包括教師的教學、學生的學習、影響教學與學習的相關因素。
3. 教室裡的教學研究，主要用意在於改進教學活動。
4. 教室裡的教學研究，比較常用的是行動研究法、實驗研究法等。
5. 想要改進教室裡的教學品質，透過研究途徑是比較理想的方法。

二、教室裡的教學研究類型概念圖

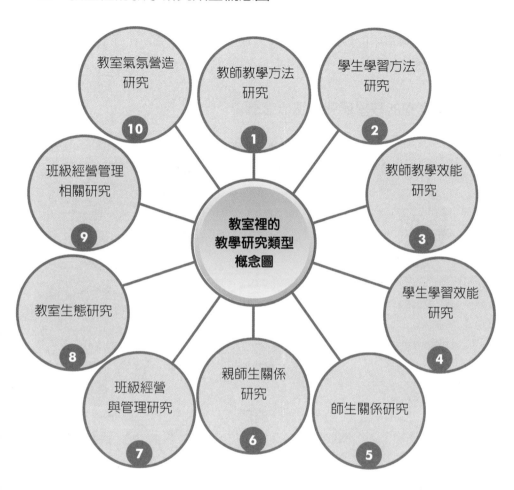

三、教室裡的教學研究取向

1. 質性研究

教師為了瞭解班級教學的各種相關因素，透過文字描述、觀察、個案研究等廣泛蒐集教室中的各種訊息，作為研究分析的材料。

2. 量化研究

教師為瞭解班級教學的各種影響因素，透過量化工具（如問卷）蒐集各種教室中的現象，轉化成為數字（或大數據），作為研究分析的依據。

四、教室裡的教學研究方法概念圖

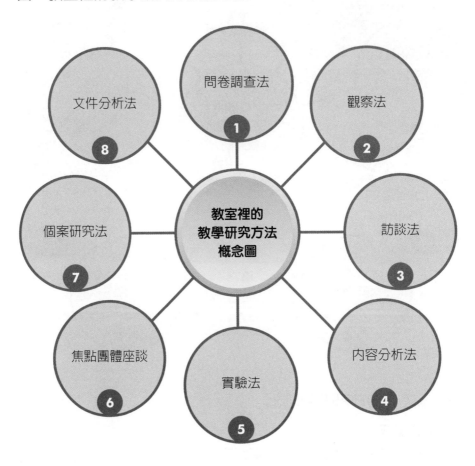

五、教學高手經驗談

1. 教師在教室中的教學，應該進行例行性的研究，才能從研究中找出需要改善的地方。
2. 教室裡的各種研究方法，都可以讓教師進行「教學實踐」研究。
3. 從教學現場中找出需要研究的議題，才能讓教室中的教學品質提升。
4. 學生的學習是教室中教學研究最需要的議題，教師可以透過各種教學研究方法，分析學生的學習問題。
5. 教室的教學研究活動，是教師教學活動實施的良藥，有助於教師提升教學效能。

心得欄

10-2　教師的教科書研究

一、教科書研究的意義

1. 教科書研究的重點，在於讓教師瞭解教科書的意義。
2. 透過教科書的研究，可以提供教師未來教學方法與策略的參考。
3. 每一學科領域的教科書包含哪些重要的學科知識，需要讓每一位教師瞭解。
4. 教科書的研究可以讓教師在教學設計與實踐中，有效掌握需要教給學生的知識概念。

二、教科書研究的內容概念圖

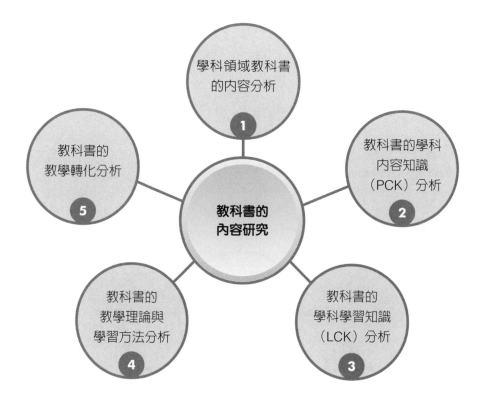

學科領域教科書的內容分析 ①

教科書的學科內容知識（PCK）分析 ②

教科書的學科學習知識（LCK）分析 ③

教科書的教學理論與學習方法分析 ④

教科書的教學轉化分析 ⑤

教科書的內容研究

1. 教科書的內容分析

指的是這一本教科書內容包含哪些重要的概念？性質是什麼？教學目標與學習目標有哪些？

2. 教科書的學科內容知識分析

教科書的學科內容知識（pedagogical content knowledge, PCK）指的是這一本教科書中，要教哪些重要的學科知識？這些知識的類別有哪些？知識如何與生活聯結？教師需要運用哪些方法？

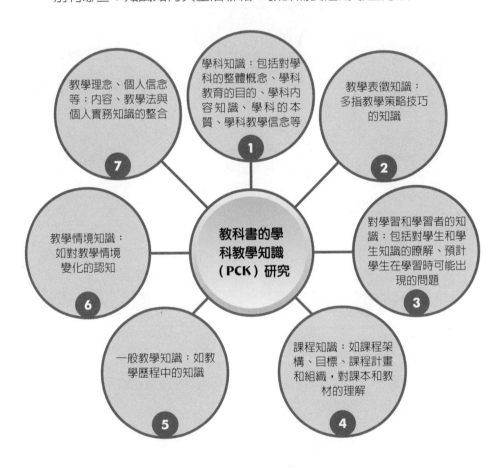

3. 教科書的學科學習知識分析

教科書的學科學習知識（learning content knowledge, LCK）指的是這一本教科書中，學生需要學習哪些重要的知識？這些知識的類別有哪些？知識如何與生活聯結？學生需要運用哪些方法？

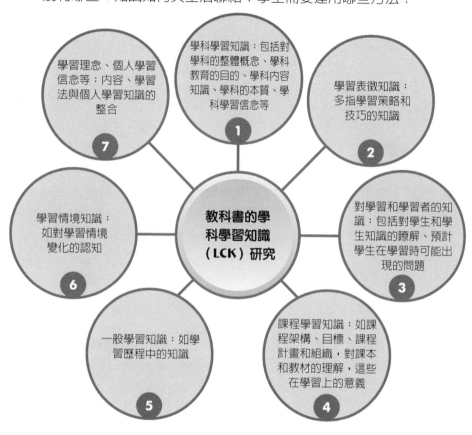

4. **教科書的教學理論與學習方法分析**

   教科書的教學理論與學習方法的研究，包括這一個單元（或一課）教師要運用哪些教學理論與方法，進行教學活動比較適合；學生在這一單元（或課）要運用哪些學習策略。

5. **教科書的教學轉化分析**

   包括每個單元的教學時間、教學的輕重緩急、如何與生活經驗聯結等。

三、教科書研究的流程圖

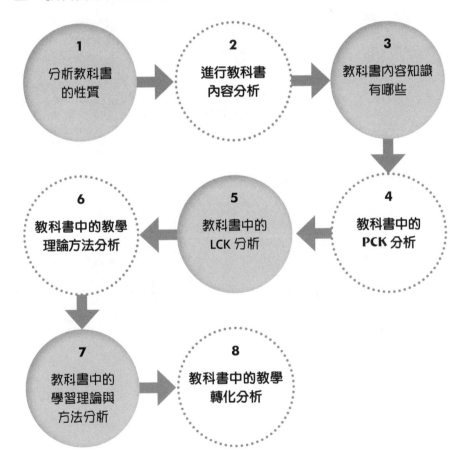

四、教學高手經驗談

1. 想要提升教學效能，教師就需要先瞭解教科書，進而研究教科書。
2. 教學設計與實踐，都要圍繞在教科書之上，進而要求補充教科書以外的知識。
3. 透過教科書研究，可以讓教師瞭解教科書、探討教科書、有效運用教科書。
4. 如果教師的教學活動時間允許的話，需要進行改寫（或編）教科書。
5. 教師研究教科書時，也應該將學生的學習方法與策略納入研究的重點。

心得欄

一、學習的要領概念圖

```
        1                           3
   將課本重要                  困難的生字
   概念標示出來                要多寫幾遍
                   2
              課本的名詞
              要多看幾遍          5
                            隨著教學進度
                              做練習
           4                                  7
      利用坊間情書                         將優美名詞運
      練習語文            6                 用在生活中
                    蒐集報紙的社
                    會新聞並標示
                    重要名詞
```

二、語文學習方法

1. 預習時，對新課文做分析，有大致的瞭解為止。

2. 讀書時要做筆記。

3. 重要注釋整理。

4. 重要的成語標示出來。

5. 生字，要記得多寫幾遍，並且找機會練習。

6. 把課文和以前的知識聯繫起來。

7. 把課文的內容，用圖解的方法表現出來。

8. 試著用自己的話把課文說出來。

9. 課文寫讀後感。

10. 熟記特殊發音。

11. 課文重要語句分析與應用。

12. 參考書中的練習題，隨著進度做練習。

三、閱讀技巧的提升流程圖

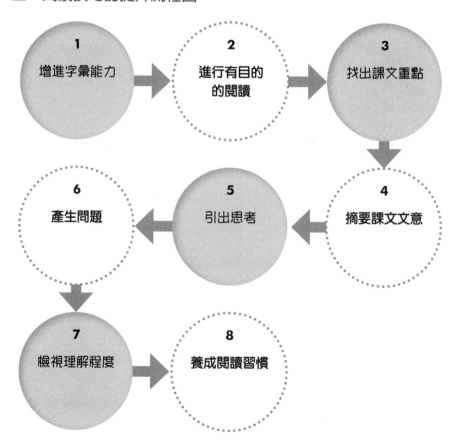

四、寫作能力的提升流程圖

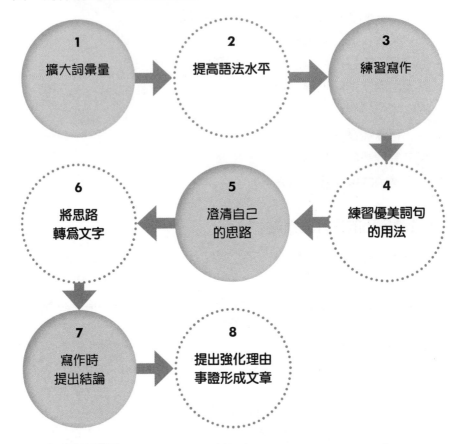

五、教學高手經驗談

1. 語文的學習要多練習，強化識字量並加以運用。
2. 讓學生養成閱讀的習慣，再從閱讀中加強寫作的能力。
3. 閱讀技巧和寫作能力是相輔相成的，教師的語文教學要能兼顧此二者。
4. 語文的學習是所有學科領域學習的基礎，語文能力不好會形成教師教學困難和障礙。
5. 語文教學活動實施之前，教師要先思考如何提升學生的語文能力。

10-4 學科學習方法與策略

> **教學語錄**
>
> 學生的學習是經過感官察覺、注意、辨識、轉換、記憶的內在活動，將所學到的知識，轉化成為內在的記憶。

一、學科學習的煉金術

1. 想要記住重要的概念，就要先知道哪些是重要的概念。
2. 將重要的概念標示出來，並且想想看概念用的文字是否可以瞭解。
3. 如果概念上的文字可以幫助我們瞭解，就可以透過文字瞭解概念。
4. 如果文字本身無法提供瞭解的訊息，就要透過各種學習方法加強記憶。
5. 用自己最適當的方法，將重要概念記在腦海中。
6. 將新的概念和舊的經驗，想辦法連結起來，有助於自己的記憶。
7. 需要透過抄抄寫寫方式才能記起來的概念，抄寫工作一定不可以省。
8. 在抄寫時也要動動腦想想看，有助於瞭解加上記憶。

二、學科精緻記憶 13 法

1. 複誦法：將要學習的概念大聲唸出來。
2. 軌跡法：將各種概念放在重要的位置，以利於形成學習上的連結。
3. 關鍵字法：利用關鍵字來加強記憶法。
4. 心理地圖法：將概念和重要的景物連結在一起而加強記憶方法。
5. 字頭法：將重要概念的第一個字連結起來，以加強學習。
6. 故事敘述法：透過故事的運用，加強學習印象。

7. 諧音法：將重要概念透過諧音編成口訣，以加強學習。

8. 聯想法：以配對的方式，加強學習印象。

9. 歌謠法：將各種重要概念編成歌曲，強化學習印象。

10. 串連法：將二種以上不同的訊息，串連起來加強學習印象。

11. 主觀組織法：依據訊息的關係，加強學習。

12. 多重編碼法：透過「讀」、「寫」、「聽」、「說」、「想」、「講」、「看」方式學習。

13. 字勾法：預先將各種數字化為既定的心向，來加強學習。

三、學習高效能的方法概念圖

四、教學高手經驗談

1. 抄抄寫寫對學習效果的提升，是一個相當好的方法。

2. 抄抄寫寫用在需要記憶的學科效果比較好，例如國文、英文、歷史、地理。

3. 並非所有的科目都需要抄抄寫寫，例如數學、理化等需要理解的科目。

4. 凡走過必定留下痕跡，如果要抄抄寫寫的話，就要準備一本比較好的學習記事本。

5. 抄抄寫寫是練筆跡的好時機，多加運用可加強學習記憶，也可以練好筆跡。

心得欄

10-5 運用歷史事件學習法

一、訊息處理理論

　　訊息處理理論的重點，強調我們在學習過程中，如何將感官察覺、注意、辨識、轉換、記憶內在心理活動，吸收並且運用知識的過程。具體而言，訊息處理理論強調的是我們怎麼樣將所學到的東西，變成我們腦袋中的記憶。

二、學習方式和記憶量的關係

表 13　Clark 和 Start 提出的學習方式和記憶量的關係

記憶的來源	記憶量	學習和記憶的類型
聽講	約 20%	透過語言直接吸收各種訊息（被動學習）
看圖	約 30%	透過視覺吸收各種訊息（被動學習）
聽和看：看電影、看展覽	約 50%	透過視覺吸收訊息（被動學習）
自己說：參與討論、發表、發表意見	約 70%	透過「做中學」加強學習記憶。（主動學習）
親自作和說：演示、模擬、實際參與、模擬實際情形	約 90%	透過吸收和參與方式接收訊息（主動學習）

三、歷史事件學習法

　　歷史事件學習法的運用，是透過腦海中長期記憶的概念，將所要學習的新概念和生活事件，作緊密的結合。歷史事件學習法通常和自由回憶法、順序回憶法、線索回憶法等方式一起運用，以加強學生的學習效果。

四、學習高手的策略

1. 最好的學習方式和記憶量，是運用主動學習的方法和策略。
2. Clark和Start的研究指出，想要學好東西一定要自動學習。
3. 親自做和說並且運用演示、模擬、實際參與、模擬實際情形等方法，可以讓自己的記憶量提高到90%。
4. 想想看自己的學習方式和記憶量，屬於「被動學習」或「主動學習」。
5. 如果自己的學習方式是「被動學習」的話，就要慢慢調整為「主動學習」。
6. 將各種學科的學習方法，透過主動學習方式加強學習效果是最好的策略。

五、教學高手經驗談

1. 引導學生建立屬於最適合自己學習的方法，才能提升學習效果。
2. 主動學習的效果遠超過被動學習的效果。
3. 當學習新的概念時，就必須想辦法和舊的學習概念相結合。
4. 我們親自做過的比較容易成為我們的記憶。例如：你有沒有吃過早餐，只有你最清楚。
5. 有計畫的練習，透過集中練習、分散練習方式提高學習效果。
6. 集中練習的效果比分散練習的效果還要好，因此在學習過程中要善用「集中練習」的方法，提高自己的學習效果。

一、學習七法則理念圖

二、學好學科的策略

1. 運用學習七法則於學科科目的學習中。
2. 一定要親自動手作實驗,以收到「做中學」的效果。
3. 要常常觀察生活周遭的細節,並且和學科的學習結合起來。
4. 多注意報導中和學科有關的案例,並且結合學科的學習。例如:臺南地區的戴奧辛毒氣事件。
5. 多關心周遭生活中的各種事件,並且找時間和同學或師長討論。
6. 將生活中的重大事件,透過自己的語言(或口語)解釋各種生活事件。

三、高學習效能的策略分析圖

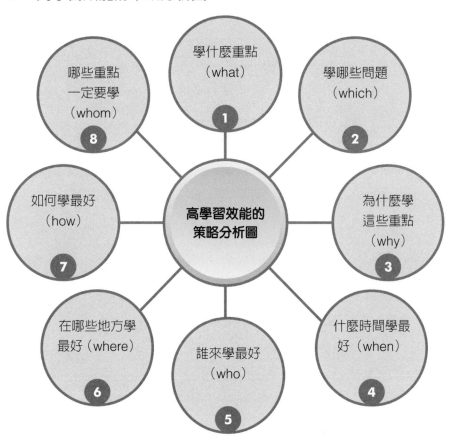

四、教學高手經驗談

1. 學習任何概念都要有持續性的動機。
2. 養成學習的良好習慣，比考試前慌亂學習的效果好。
3. 學習是需要花時間的，短暫時間的學習效果一定不好。
4. 將學到的概念教給同學（或家人），可以加深學習的印象。
5. 保持學習的正向、積極態度，就可以將學習視為一種享受。
6. 肯花時間學習的人，生活中就不容易遇到挫折。

心得欄

教學語錄

優質教學應從多角度來考量或定義，必須具有人性民主化、溫馨、關懷、同理、包容、關愛、效率化的班級氣氛。

一、優質的班級管理必須具備的條件

1. 班級氣氛融洽。
2. 師生互動良好。
3. 教師經營方式多元。
4. 能促進學生積極參與。
5. 肯定「天生我才必有用」之價值。
6. 教師要能賞罰分明。
7. 有效運用例外管理。
8. 對班級要有高參與度。
9. 能積極投入班級事務。
10. 展現適度的關懷。

二、維持良好班級常規的策略

1. 隨時隨地提醒學生注意事項。
2. 尋找學生亮點，讓學生有表現的機會。
3. 制定各種適合班級使用的表格。
4. 有效管理班級常規，常規要明確合理可行。
5. 形塑班級風氣。
6. 建立榮譽考核制度。

7. 給予適當的責任。

8. 用讚美的方式進行班級經營。

9. 將重點放在獎勵上。

10. 建立學生典範，造成模仿效果。

三、營造良好班級氣氛的方法

1. 善用同理心。

2. 放下教師己身的身段。

3. 以孩子的想法與觀點為出發點。

4. 重賞輕罰。

5. 找對的人來罰。

6. 勿用連坐法影響班級氣氛。

7. 給予適當的彈性。

8. 扮演良好的溝通者。

9. 建立榮譽制度。

10. 例如舉辦各種活動，增加班級學生的向心力。

四、教學高手經驗談

1. 教師應該在班級經營方面，多加運用獎勵的方式。

2. 在管理學生時，用真誠的愛去關心學生，給學生「他對老師很重要」的觀念。

3. 教師在班級中建立成功公布欄，讓學生在成功的班級裡學習。

4. 教師每日訂出主題，要求學生寫一句有關主題的鼓勵的話，可以是抄出來的，也可以是想出來的。

5. 任何學科的教師都必須學習簡單的輔導原則，及時的幫助學生學習。

10-8 提升教學效能的途徑

一、青年教師邁向經驗教師的方法

1. 新手教師常出現經驗不足現象，應該多加請益前輩。
2. 教材教法部分則有賴個人整理出專屬的教學檔案夾。
3. 勇於嘗試並能隨時隨地自我充實。
4. 隨時自我反省與修正教學方式。
5. 隨時融合資訊科技能力於教學中。
6. 參考優質教學，吸取前輩經驗。
7. 專家教師的成功，在於掌握班級經營。
8. 教學檔案是記錄教學改進的最好法寶。

二、精進中小學教師教學能力最有效的策略

1. 運用教學觀課的方式並提出檢討報告。
2. 教學中回饋與修正，教學後回饋省思。
3. 促進教師班級經營的經驗交流。
4. 善用領域時間拓展專業對話品質。
5. 以工作坊形式提升教師專業知能。
6. 創新教學以提供學生多樣化學習與經驗。
7. 建立學習型環境與研究型環境。
8. 接受專業發展評鑑。

三、教學高手經驗談

1. 教學本是一門極專業的技能，要教懂學生並不是一件容易的事情。
2. 教學活動與流程的決定，是教案撰寫的靈魂，同時也是教學設計的關鍵。
3. 優質教學是教師專業能力開展的證明，教師要在教學效能方面多加努力。
4. 教學評鑑工作的進行，應該在教學歷程中的每一個階段實施，讓教師可以隨時瞭解教學活動的進行情形。
5. 每一位教師都應該「不忘初衷」，將教學活動實施以最佳的效果提供給學生。

心得欄

教學方法與效能議題
口試問題重點

附錄

第一章　面對課程改革的教學

01. 近年來的課程改革分成哪幾個階段？每一個階段的特色有哪些？教師如何面對這些課程改革？

02. 教師面對課程改革，如何進行教學設計與實踐？

03. 教師的課程改革意識與教學實踐關係為何？教師如何面對這二者之間的關係？

04. 教師的課程改革詮釋如何回應到教學實踐中？

05. 教師「學會教學」的議題有哪些？這些如何因應到教學中？

06. 課程改革中「學會學習」的概念有哪些？教師如何面對這些概念？

07. 《十二年國民基本教育課程綱要》總綱修訂的背景有哪些？請簡要說明之。

08. 《十二年國民基本教育課程綱要》修訂的基本理念有哪些？這些如何融入教師教學中？

09. 課程改革進程對教師與教學意義的典範轉移有哪些？請簡要說明之。

10. 教師教學準備與支援概念有哪些？請簡要說明之。

11. 十二年國民基本教育教學策略與模式有哪些？請簡要說明之。

12. 從九年一貫課程到十二年國民基本教育的差異有哪些？請簡要說明之。

第二章　核心素養議題的教學

01. 核心素養的概念有哪些？請簡要說明。

02. 國際對核心素養意義的主張有哪些？請簡要說明之。

03. 核心素養的三大面向、九大項目有哪些？

04. 核心素養、基本能力、核心能力三者的關係為何？請簡要說明之。

05. 核心素養的教學設計概念包括哪些項目？

06. 核心素養教學設計的功能有哪些？

07. 九年一貫課程與十二年國民教育設計差異有哪些？

08. 核心素養議題下的教學設計與實踐關係為何？請簡要說明。

09. 從能力指標到核心素養的教學轉變有哪些？

10. 從課程改革理念到教室教學的落實有哪些歷程？

第三章　傳統教學方法

01. 傳統的教學方法有哪些？請簡要說明之。

02. 請說明「講述教學法」的內涵、流程、適用時機、評量方式？

03. 請說明「練習教學法」的內涵、流程、適用時機、評量方式？

04. 請說明「角色扮演教學法」的內涵、流程、適用時機、評量方式？

05. 請說明「微型教學法」的內涵、流程、適用時機、評量方式？

06. 請說明「個案教學法」的內涵、流程、適用時機、評量方式？

07. 請說明「討論教學法」的內涵、流程、適用時機、評量方式？

08. 請說明「問題導向學習法」的內涵、流程、適用時機、評量方式？

09. 請說明「啓發教學法」的內涵、流程、適用時機、評量方式？

10. 請說明「發表教學法」的內涵、流程、適用時機、評量方式？

11. 請說明「世界咖啡教學法」的內涵、流程、適用時機、評量方式？

第四章　適性教學方法

01. 請說明「反思教學法」的內涵、流程、適用時機、評量方式？

02. 請說明「示範教學法」的內涵、流程、適用時機、評量方式？

03. 請說明「電子師徒制教學法」的內涵、流程、適用時機、評量方式？

04. 請說明「社會化教學法」的內涵、流程、適用時機、評量方式？

05. 請說明「概念獲得教學法」的內涵、流程、適用時機、評量方式？

06. 請說明「適性教學法」的內涵、流程、適用時機、評量方式？

07. 請說明「個別化教學法」的內涵、流程、適用時機、評量方式？

08. 請說明適性教學法有哪些？請簡要說明之。

第五章　創意教學方法

01. 請說明創意教學法有哪些？請簡要說明之。

02. 請說明「欣賞教學法」的內涵、流程、適用時機、評量方式？

03. 請說明「建構式教學法」的內涵、流程、適用時機、評量方式？

04. 請說明「個別化教學法」的內涵、流程、適用時機、評量方式？

05. 請說明「創造思考教學法」的內涵、流程、適用時機、評量方式？

06. 請說明「合作學習教學法」的內涵、流程、適用時機、評量方式？

07. 請說明「多元文化教學法」的內涵、流程、適用時機、評量方式？

08. 請說明「多元智能教學法」的內涵、流程、適用時機、評量方式？

09. 請說明「探究教學法」的內涵、流程、適用時機、評量方式？

10. 請說明「價值澄清教學法」的內涵、流程、適用時機、評量方式？

11. 請說明「設計教學法」的內涵、流程、適用時機、評量方式？

12. 請說明「編序教學法」的內涵、流程、適用時機、評量方式？

第六章　分組合作學習議題教學

01. 分組合作學習的意義有哪些？如何容入教學中？

02. 分組合作學習和傳統的教學有何異同？請簡要說明之。

03. 分組合作學習的類型有哪些？如何運用在教學中？

04. 分組合作學習的教學流程有哪些？請簡要說明之。

05. 分組合作學習教學前的準備有哪些階段？

06. 分組合作學習的教學實施有哪些流程？

07. 分組合作學習的研究怎麼進行？

08. 分組合作學習如何運用在教師班級教學中？請簡要說明。

第七章　差異化教學議題教學

01. 差異化教學的核心概念有哪些？請簡要說明之。

02. 適性教學與差異化教學的概念有哪些？

03. 差異化教學的概念有哪些？請簡要說明之。

04. 差異化教學的基本理念和方針有哪些？

05. 因應個別差異的教學流程有哪些？

06. 差異化教學的教師角色有哪些？如何融入教學中？

07. 差異化教學教師需要培養的基本能力有哪些？

08. 從基本能力學習到精進學習流程有哪些？

09. 請從課本中舉出「從具體事務學習到抽象概念的學習流程」有哪些？

10. 從單一面向的學習到多面向的學習概念有哪些歷程？請簡要說明之。

11. 從思考性低的學習到思考性複雜的學習概念有哪些歷程？請簡要說明之。

12. 從慢速的學習到快速的學習概念需要歷經哪些歷程？請簡要說明之。

13. 依據學習者學習風格設計的差異化教學有哪些？請簡要說明之。

14. 依據不同的文化背景而定的教學概念有哪些歷程？請簡要說明之。

15. 依據學習者學習興趣設計的差異化教學有哪些歷程？請簡要說明之。

16. 差異化教學實施之後的評量如何實施？請簡要說明之。

第八章　個別化議題的教學

01. 個別化議題的教學有哪些？請簡要說明之。

02. 文納特卡計畫的教學理念與實施有哪些？請簡要說明之。

03. 道爾敦計畫的教學理念與實施有哪些？請簡要說明之。

04. 學校學習模式的教學理念與實施有哪些？請簡要說明之。

05. 凱勒學習模式的教學理念與實施有哪些？請簡要說明之。

06. 精熟學習法的教學理念與實施有哪些？請簡要說明之。

07. 個別處方教學的理念與實施有哪些？請簡要說明之。

08. 適性教學模式的理念與實施有哪些？請簡要說明之。

第九章　新興的教學議題

01. 新興教學議題有哪些？請簡要說明之。

02. 新興教學對教師教學的影響有哪些？請問教師如何因應？

03. 教師如何面對新興教學議題？有哪些策略可以運用？

04. 佐藤學學習共同體的運用與實施有哪些？請簡要說明之。

05. 學思達教學的理念、運用與實施有哪些？請簡要說明之。

06. MAPS 教學的理念、運用與實施有哪些？請簡要說明之。

07. 心智圖教學的理念、運用與實施有哪些？請簡要說明之。

08. 翻轉教學的理念、運用與實施有哪些？請簡要說明之。

09. 文化回應教學的理念、運用與實施有哪些？請簡要說明之。

第十章　班級經營與教學效能

01. 教室裡的教學研究類型有哪些？請簡要說明之。

02. 教室裡的教學研究方法有哪些？請見要說明之？

03. 教科書裡的內容研究有哪些？請簡要說明之。

04. 教科書的學科教學知識 (PCK) 研究有哪些？請簡要說明之。

05. 教科書的學科學習知識 (LCK) 研究有哪些？請簡要說明之。

06. 教科書研究的流程有哪些？請簡要說明之。

07. 語文學習策略教學有哪些要領？請簡要說明之。

08. 寫作能力的提升有哪些要領？請簡要說明之。

09. 學習高效能的方法有哪些？請簡要說明並舉例。

10. 高效能的學習策略有哪些？請簡要說明之。

11. 優質的班級經營有哪些要領？請簡要說明之。

12. 提升教師教學效能的途徑有哪些？請簡要說明並舉例。

 您，了沒？

趕緊加入我們的粉絲專頁喲！

教育人文 & 影視新聞傳播～五南書香

五南圖書 教育／傳播網
https://www.facebook.com/wunan.t8

等你來挖寶

粉絲專頁提供──

· 書籍出版資訊（包括五南教科書、
  知識用書、書泉生活用書等）

· 不定時小驚喜(如贈書活動或書籍折
  扣等)

· 粉絲可詢問書籍事項（訂購書籍或
  出版寫作均可）、留言分享心情或
  資訊交流

封面圖
不定期
會更換

請此處加入
按讚

國家圖書館出版品預行編目資料

教師教學方法與效能的第一本書 ／ 林進
材, 林香河著. -- 初版.-- 臺北市：五南,
2020.01
　　面； 　　公分
ISBN 978-957-763-808-3(平裝)

1.教學法

521.4　　　　　　　　108021083

1IOR

教師教學方法與效能的第一本書

作　　者－林進材（134.1）、林香河

發 行 人－楊榮川

總 經 理－楊士清

總 編 輯－楊秀麗

副總編輯－黃文瓊

責任編輯－李敏華

封面設計－王麗娟

出 版 者－五南圖書出版股份有限公司

地　　址：106台北市大安區和平東路二段339號4樓

電　　話：(02)2705-5066　傳　　真：(02)2706-6100

網　　址：http://www.wunan.com.tw

電子郵件：wunan@wunan.com.tw

劃撥帳號：01068953

戶　　名：五南圖書出版股份有限公司

法律顧問　林勝安律師事務所　林勝安律師

出版日期：2020年1月初版一刷

定　　價　新臺幣380元

經典永恆・名著常在

五十週年的獻禮 —— 經典名著文庫

五南，五十年了，半個世紀，人生旅程的一大半，走過來了。

思索著，邁向百年的未來歷程，能為知識界、文化學術界作些什麼？

在速食文化的生態下，有什麼值得讓人雋永品味的？

歷代經典・當今名著，經過時間的洗禮，千錘百鍊，流傳至今，光芒耀人；

不僅使我們能領悟前人的智慧，同時也增深加廣我們思考的深度與視野。

我們決心投入巨資，有計畫的系統梳選，成立「經典名著文庫」，

希望收入古今中外思想性的、充滿睿智與獨見的經典、名著。

這是一項理想性的、永續性的巨大出版工程。

不在意讀者的眾寡，只考慮它的學術價值，力求完整展現先哲思想的軌跡；

為知識界開啟一片智慧之窗，營造一座百花綻放的世界文明公園，

任君遨遊、取菁吸蜜、嘉惠學子！